自治総研ブックレット 24
第 35 回自治総研セミナーの記録
上林陽治　編

未完の「公共私連携」

介護保険制度 20 年目の課題

〔インタビュー〕
大森　彌〔東京大学名誉教授〕

〔講演〕
高端正幸〔埼玉大学准教授〕

〔報告〕
堀越栄子〔日本女子大学名誉教授、日本ケアラー連盟代表理事〕
森安東光〔（公財）武蔵野市福祉公社理事〕

公人の友社

第35回自治総研セミナー

主催　（公財）地方自治総合研究所

日時　二〇二〇年九月一九日

方式　YouTube Live による配信

未完の「公共私連携」

介護保険制度20年目の課題

目次

【目次】

〔問題提起〕

公共私の語り方

上林陽治
〔地方自治総合研究所〕

これより第35回自治総研セミナー「『公共私連携』を考える　介護保険制度20年目の課題」を開始します。

初めてのオンライン開催、しかもYouTubeでの配信ということで、大変緊張しています。先ほど友人から連絡が入ってきまして、十数人の方が1つの会場に集まって、当セミナーをパブリックビューイングしていらっしゃるということもお聞きしました。

本日、長丁場になりますが、よろしくお願いします。

■未完の公共私連携

はじめに、問題提起として、今次自治総研セミナーのテーマ設定の趣旨について御案内させていただきたいと思います。

本年は２０２０年です。20年前の２０００年に介護保険法が施行されました。介護保険制度は家族という「私領域」に任されていた介護を家族から解放し、社会化しようという試みでした。同時に、それまで行政が指定した老人ホームなどに入所させるという形で進められてきた行政処分としての措置制度を保険制度に変えて、介護という問題を「公」の領域、行政の領域からも解放して、みんなで資金を拠出する保険という公共の場において、みんなで支えようということを理念として発足したものと聞いております。そういった意味では、介護をめぐる関係性を「公私」から「公共私」へ転換することを目指したものだと考えているわけです。

今から20年前の２０００年は、地方分権一括法が施行された年でもあります。地方分権改革の出発点になった地方分権推進委員会の最終報告には、次のように出ています。

「公共サービスの提供をあげて地方公共団体による行政サービスに依存する姿勢を改め、コミュニティで担い得るものはコミュニティが、ＮＰＯで担い得るものはＮＰＯが担い、地方公共団体の関係者と住民が協働して本来の「公共社会」を創造してほしい」。

２０００年から遡ること2年前の１９９８年にはＮＰＯ法が施行されています。つまり、20年前の制度改革で強く期待されていたのは「公共社会」、「共」の世界であり、その担い手として考えられていたのが、ＮＰＯ等の公共の場で活躍する主体であったと思われるのです。

しかしながら、20年後の今日において、どのようなことが発生しているでしょうか。たどりついた地点を描写するものとして、今年6月の第32次地方制度調査会報告書である「２０４０年頃から逆算し顕在化する諸課題に対応するために必要な地方行政体制のあり方等に関する答申」が挙げられます。

この答申では、公共私の連携の必要性が説かれ、基本的考え方である「多様な主体の参画による持続可能な地域社会の形成」では、次のように記しています。

「地域社会においては、行政のほか、コミュニティ組織、ＮＰＯ、企業等、多様な主体によって、住民が快適で安心な暮らしを営んでいくために必要なサービス提供や課題解決がなされているが、今後は、これまで、主として家庭や市場、行政が担ってきた様々な機能について、これらの主体が、組織の枠を越えて、サービス提供や課題解決の担い手としてより一層関わっていくことが必要である」。

残念ながら、２０００年から20年たった２０２０年の政府の出した文書の中に、20年後の２０４０年の目標として20年前と同じような文言が再びあらわれてきているわけです。この20年間の経過の中で、20年前に構想されてきた「共」の世界の創設は一体どうなってしまったのかということに思いをはせざるを得ません。

当研究所の主任研究員である今井照は、私どもの雑誌『自治総研』２０２０年8月号のコラムに次のように記しています。「少子高齢化の影響もあって、介護保険財政の将来は決して明るくない。市町村合併によって『公』が撤退した地域には『地域運営組織』という『共』が期待されているが、そもそも人材が見当たらない。『公共私連携』という言葉を安易に使えない状況が生まれている」。未完の分権改革ならぬ未完の公共私連携というものが、私どもの面前にあるのではないかと考えられるわけです。

■自助（互助）・共助・公助

公共私という言葉は、同じく今井照が調べたところによりますと、比較的新しい用語でして、むしろ自助・互助、それから共助・公助という形で語られてきたと考えられます。

たとえば２０１３年３月の地域包括ケア研究会の報告書の中に、自助・互助・共助・公助から見た地域包括ケアシステムというのが記されています。同報告書の自助・互助・共助・公助は、端的に言うと、費用負担による区分です。公助は税。共助は介護保険などのリスクを共有する仲間の負担。自助は自分のことは自分ですることに加えて市場サービスの購入も含まれる。それで、互助はシステムではないけれども、共助と共通点はあるが、費用負担が制度で裏付けられていない自発的なものと分類をしています。

また自助・共助・公助という用語は、災害発生時の心構えを表す言葉としても使われています。公共私というよりも、自助・共助・公助というほうが、よほど馴染みがあった。

お気づきの方も多いかと思いますが、最近は、この「自助、共助、公助」は政治的文脈の中で、政策理念の枠組みとして語られるようになりました。首相に就任されましたけれども、当時は自民党新総裁候補だった菅さんがＮＨＫのニュース番組に出て、このように発言されています。「自助、共助、公助の国づくりを行っていきたいと思います。まず自分でできることは自分でやる。自分でできなくなったら、まずは家族とか地域で支えてもらう。それでもダメであれば、必ず国が責任を持って守ってくれる。そうした信頼のある国づくりというものを行っていきたい」と。

この発言の背景にあるのは、自民党が２０１０年に綱領を改定して、「自助自立する個人を尊重し、その条件を整えるとともに、共助・公助する仕組を充実する」としたことを、菅さんなりの表現で上記のように発言したと思われます。２０１０年という年は、自民党が民主党に政権を奪われ、民主党との差別性を明確にするために、新自由主義的改革へのドライブを強めていった時期でもあるのです。

この発言をめぐって、ＳＮＳ上では大いに盛り上がりました。「介護を含めた福祉を自助に、家族に押しつけることではないか。国や政府は後ろに引っ込むつもりか。自己責任を強調する新自由主義ではないか」ということのようです。

■「共」の世界はどのようにイメージされていたのか

問題は、介護保険や分権改革が施行した2000年において、「共」の世界はどのようにイメージされていたのかということです。

たとえば寄本勝美は、編著『公共を支える民』(コモンズ、2001年)の中で、「公共の問題ごとに公共セクターの役割と民間セクターの役割がある」とし、次のように公共私を描写していました。

社会の主体を、個人・家族・コミュニティのような非営利部門、市場を場とする営利部門、そして公共部門の3つの部門に区分したうえで、それぞれがその役割をもって協力し合う関係性、この役割を適切に組み合わせて、それにより得られる相乗的な効果をできるだけ大きくしていく場が「共」の世界、公共の世界だとしていました。つまり、公共部門と非営利部門と営利部門が協力しあう、正の協働の場としての公共というイメージを持っていたと思われます。

同様に、ペストフの福祉の三角形と言われているもの(ビクター・ペストフ『福祉社会と民主主義』日本経済評論社、2007年)では、三角形の3つの頂点に国家、市場、コミュニティを置いてみると、三角形の真ん中に国家でもなく、市場でもなく、コミュニティでもなく、誰のものでもあるけれども、誰のものでもない公共の領域があらわれ、そこの主体としてボランタリーの非営利組織のアソシエーションが生じてくるという考え方を示しました。

ここで一言申し上げれば、20年前の分権改革とか介護保険制度創設時と、寄本やペストフの描き出す公共の捉え方には共通項があり、それは「共」の世界、公共の領域とは、「公」と「私」と市場がそれぞれの役割を積極的に果たす正の協働の場として捉えていたのではないかということです。

ところが２０００年から２０２０年までの20年は、残念ながら、政府は寄本の言うところの「公」の役割を果たしてこなかった、ペストフの三角形で示された政府はその果たすべき領域から撤退してきたのではないか。さらに、社会の貧困化が進む中で個人や家族、つまり「私」の領域は余裕を喪失し、公共の領域に主体的に働きかけることができなくなってきたのではないか。そうすると、20年前に描かれていた正の協働の場としての「共」というのは幻想ではなかったのかということに思い至るわけです。

■無縁社会と新しい公共

図は私が勝手につくり上げたモデルですけれども、先ほどのペストフの三角形から発想を得てつくったものです。真ん中に公共という世界がありますが、実は政府の役割は後退した。後退した部分に市場・営利企業が入り込んできた。そうすると、今まで政府がやってきたところを市場・営利企業が担うことになり、それが民営化や業務委託である。さらに誰のものでもあり、誰のものでもなかった公共の領域に市場の領域が侵食してきた。これは公共の市場化と捉えられる。

問題は政府が撤退し、だけど、市場も入り込まないような領域、ここは一体何になるのか。ここが自己責任領域と言われているものであって、ここは誰もが顧みない無縁社会という形で私どもの目の前に登場してきた。この無縁社会は20年前に構想されていたような正の協働の場としての「共」の世界ではありませんし、共助でもありません。孤立と自己責任が支配する領域です。いわば負の協働の

図 無縁社会と新しい公共の関係

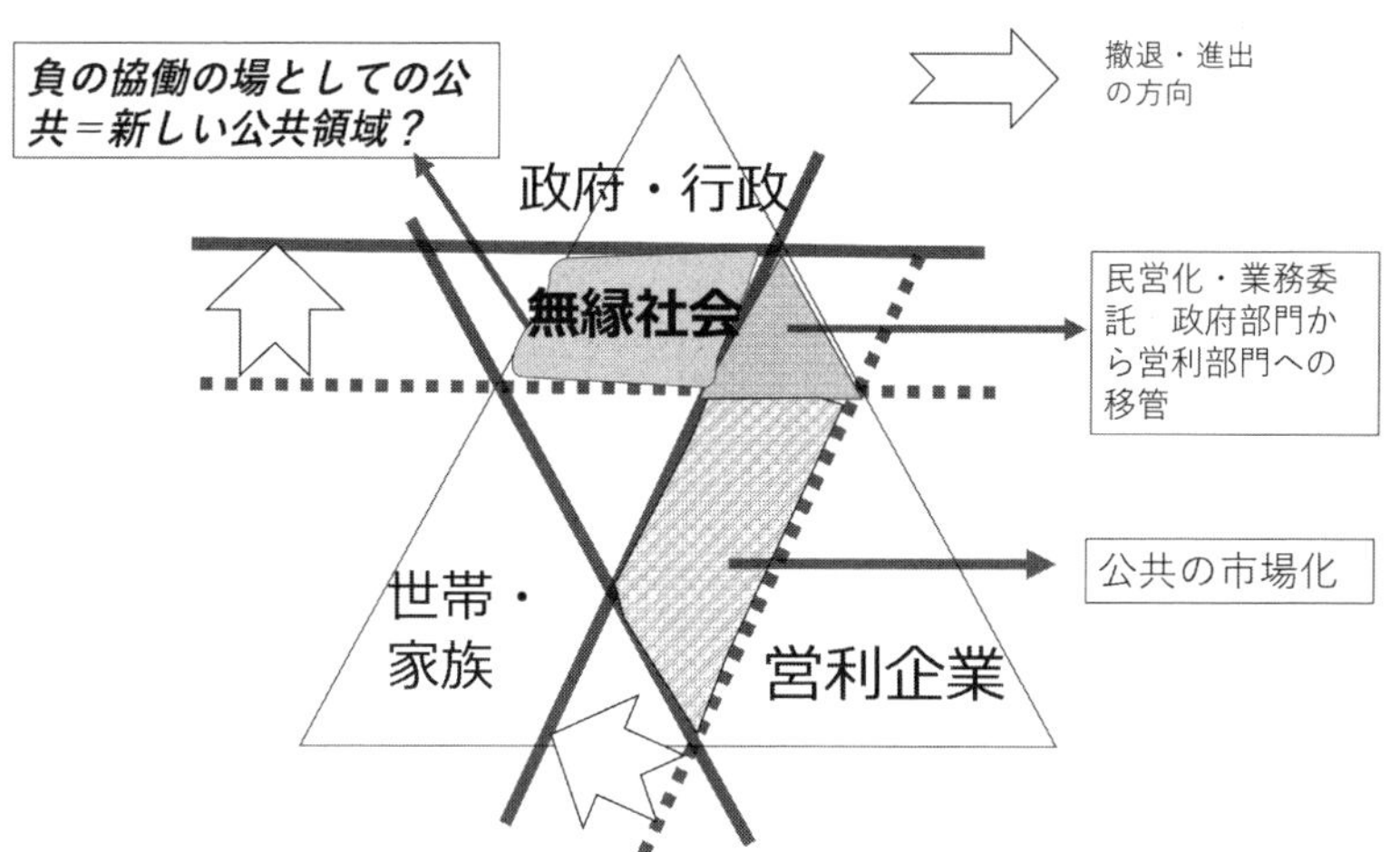

場として私たちの面前にあらわれてきたのではないでしょうか。

ところが、負の協働の場においてこそ、これが登場してこそ、例えば子ども食堂だとか、今日の午後にお話しいただきますケアラーの問題とか、無縁社会を活動領域とする様々な市民運動が生じてきたと思われます。つまり、正の協働の場ではなく、負の協働の場が生じることによって、皮肉なことに主体的な市民の活動の活発な領域が生じてきたのではないでしょうか。この20年間の動きを私はこのように整理しています。

事態は20年前に構想していたものとは異なる様相で現れてきました。

だとすれば、公共私連携の現実と「共」の可能性について再考してみなければならない、とりわけ社会化と市場化のせめぎ合いの中で七転八倒している介護の問題を、その主体の現状を中心に検証し、その中で地方自治体にはどのような役割が課せられているのかを展望する必要があるのではないか。

今次セミナーはこのような問題意識のもと、介護保険制度20年目の課題をめぐって公共私連携を考えるを設定しました。

私からの発言は以上です。本日はよろしくお願いします。（拍手）

〔インタビュー〕「公共私連携」を考える

大森　彌〔東京大学名誉教授〕
聞き手　今井　照〔地方自治総合研究所〕

■「自助・共助・公助」論について

○今井　今年のセミナーのテーマは、介護保険制度20年、分権改革20年、さらにもう1つNPO法22年の三つを串刺しにして、「公共私連携」を考えるとしました。大森先生はこのそれぞれにかかわっていらっしゃったので、今日は総括的、基調的な話をお聞きしたいとお願いいたしました。

20年前に大森先生が取り組んでいらした改革と現在の到達点、それから将来のことという流れでお話をお聞きしたいと思っています。

ただ、その前に1つだけトピックとしてお聞きしたいことがあります。今日のテーマとも深く関係するのですが、新しい首相が「自助、共助、公助」ということを言い出しています。そのことについて大森先生の御感想をお聞きしたいと思います。いかがでしょうか。

○大森　こんにちは。よろしくお願いします。

今ご指摘の新総理の3分論ですが、これは自民党の綱領にも書かれているものです。自助は自分でできることは自分でやる、それは当たり前のことだと思います。その次が共助で、家族とか地域が主体となっている。家族を共助に入れるかどうかは問題になりうる。家族を共助に入れると、自助でできないことは家族でやれという議論につながりやすいんです。ここは要注意です。付け加えれば、共助の主体として社会保険が出てこないのも気になる点です。

もう1つ、自助と共助でうまくいかなければ、最終的に国が責任をもって守ると言っているんですが、これが公助でして、ここに自治体が出てこない。もしかしたら地域の中に入り込んでいるかもしれませんが、公助の主体が国のみになっている。公助の主体としての自治体を入れなければ話は進まないと思います。

■公私二分論を超える

○今井　ここに『公共哲学11　自治から考える公共性』（東京大学出版会、2004年）という本を持ってきました。これに収録されている研究会が行われたのは2002年です。今日のテーマでもある分権改革と介護保険制度が始まった直後の空気で書かれています。

ここで大森先生も報告されていますが、この中で強調されているのは、明治期以降、官によって公共というのが占有されてきていたところに、70年代から80年代、90年代にかけて住民運動が一定の成熟を迎え、市民の側から公共空間を取り戻すという動きが出てきているということです。

私は、官からの公共と住民からの公共のせめぎ合いの中で介護保険制度とか分権改革が進められたのではないかと読み取ったわけです。

そこで改めてお聞きしたいのですが、介護保険制度や分権改革において、大森先生はどういう意図を持って取り組んでいらっしゃったのでしょうか。

○大森　ご指摘の通り、明治以来「官民」という言い方が一般に行われてきました。「官」というのは「公（オオヤケ）」です。しかし、公共という言葉には「共」が入っている。この公共の「共」は「共同」のことで、一緒に物事を考え決めていこうという発想だと思います。

戦前、「官」が「お上」と言われ、官尊民卑というように「官」が偉く、威張っていた。それが戦後に持ち越されたのですが、その「官」のあり方が問われ始めるのですね。特に高度成長期を通じて、「官」が主体になって、あるいは「官」に包摂された自治体行政も、いたるところで公共事業を展開したのですが、その影響を受ける住民から反対、抵抗の運動が起こったのです。

そのときの象徴的な言い方が、「公共性を撃つ」だったのです。公共事業といっているけれども、その公共性とはなにか。自分たちの知らないところで、あるいは自分たちに何の相談もなく、「官」が公共事業を決めて実施を強行しようとしている。到底認められないと。非民主的な決定こそ「官」の正体だと、これを撃ったのです。

どこから撃ったか。「私」という根城からでした。それまでは、公の場で「私」を主張することははしたないこと、控えるべきことだという考え方がけっこう強かった。それが、「私」の生活、「私」の意見、「私」の利益を堂々と主張して何が悪いのか、当たり前ではないかという考え方が台頭し始めていました。私は、これを「私的自由主義」の台頭だと考えました。「公」に先立って「私」がある、あるいは「私」のために「公」がある、それなのに「公」＝「官」が「私」を蹂躙している、許せない、断固反対するというわけです。

それで、公共の利益とか公共の福祉を大義名分とする「官」の公共事業はいたるところで滞ることになり、経費と時間もかかるようになる。決定コストを安上がりにした分、執行コストが嵩むことになった。「成田空港建設反対運動」（ナリタ）がその典型でした。こうした時代背景の中から、公共性を担保する情報公開と住民参加の制度が形成されることになったのだと思います。

ところが、「公共性を撃った」「私」のほうにも課題が生まれた。「私」に固執し、「私」を主張し続ければ、自分たちで新しい地域の秩序を生み出すことはできない。どうやったら自分たちで合意を形成できるかということになったときに、見えてきたのは、「私」という塹壕から出ていって、共通項で結びあって、自分たちの地域の課題を解決していこう、そういう「公共」の世界を築いていこうという発想の必要性だったのです。これが、いわゆる地域づくりとかまちづくりの思想になっていく。そのことを私は重視しました。

介護保険制度については、その最初の制度設計に参加し、あとで運営にもたずさわりました。「高齢者介護・自立支援システム研究会」の座長を引き受けたときに、新たな高齢者介護の理念は決まっていたのです。自立支援という理念で新たに高齢者介護のシステムを構想しようと。先ほどの3分論との関係でいいますと、この時の考え方は、自助・互助・共助・公助という4分論だったのです。私は、いまでも4分論です。

個人としての高齢者から出発しますので、個人ができることは自分でやる、あるいは個人が、こうありたい、こうしたいことを尊重するというのが前提になっていますが、一挙に共助には行かない。自助のすぐそばにあって、自発的に自分たちの資力が許す限りで親身になって自助を支える互助の世界が大事だし必要ではないかと考えたのです。

互助の主体は家族・友人・隣人の小グループです。自助の次が共助で、そこに家族を入れてしまうと、どうしても自助で無理ならは家族が支えよということになり、いつまでたっても家族依存の高齢者介護から抜け出せない。家族依存の介護からの脱却を重視していましたから、私は、家族に大きな比重をかけるような共助論に警戒的でした。そのかわり、互助の次に共助の主体として、みんなで支える介護保険を考えたのです。それを「介護の社会化」とか「社会的連帯」と呼びました。

介護保険制度を構想していた当時は、高齢者介護の「公助」の主体は国と自治体の行政で、措置制度ですから、介護の手が必要な高齢者のニーズに応じられない、貧弱といってよい状態でした。しかも「共助」の主体としては地域がありましたが、それでは、とても高齢者のニーズに応えることはできない。「共助」の主体を新たに創出する以外にない。それが、介護保険だったのです。ただし、国と自治体で経費の半分を持つことにしましたので、この共助は公助との混合型なのです。総じて、私を含む関係者の考え方は、4分論によって新たな日本社会を形成していこうという発想だったと思います。

■「共」の世界を地域で

○今井　分権改革のほうはいかがでしょうか。

○大森　私がかかわった分権改革は、1990年代半ばからの第1次分権改革で、事務権限の移譲と国の関与の廃止・縮減、特に国の関与をできるだけ外していこうとしました。ただし、分権改革の究極の目的は「分権型社会の創造」でした。分権型社会の創造って何のことかというと、突き詰めていくと、住民自治の充実のことです。地域の課題は地域の住民たちが主体になって解決していく、その実現を目指そうということでした。そうすると、住民が自分たちの共通の問題は何であって、どうすれば自分たちの手で解決できるかということを考えることになるのですね。それが「公共心の発揮」ということになる。

しかし、これは容易ではないのです。そんなにすばらしい住民がいっぱいいるわけではない。自治体の首長や議会議員の選挙のときに、投票に行かない住民は多い。せめて自分たちの代表を選ぶ投票ぐらいには出かけたらどうですかということを含めて、公共心の発揮はいうほど簡単ではない。地方分権改革は未完と言われましたけど、住民自治は永遠に未完かもしれません。

しかし、それをあきらめない。普通の住民が、玄関から先の地域へ一歩踏み出していって、他の住民と共同して問題の解決にあたる、そうしたさまざまな場をどのように作り出し運営しているか、そのような共助の世界が、住民が担う自治の仕組みとして大切です。自治会・町内会の地縁組織や最近の地域運営組織の可能性を含めて、共助の仕組みの充実を図っていきたいものです。当然、公助としての自治体行政のかかわりも重要です。

■連携論から何を読み取るか

○今井　次に、現在の論点についてお聞きします。6月に第32次地制調答申が出ました。この中で公共私連携ということが柱の1つになっています。このことについて、どのような御感想をお持ちでしょうか。

○大森　あえて言えば、特に新しいことは何も言っていないように思います。現場の首長も、活動している地域住民の人たちもみんな、ここに書いてある程度のことは知っていて、それなりに取り組んでいるからです。なるほどと思えるような新しいヒントは見つかりませんでした。

ただし、公共私という3者の連携論になっていますので、連携して何をやるのかということになると思います。明らかに、答申のねらいは、各自治体の区域を越え出て、より広域の範囲の中で自分たちの将来を予測して、その予測に基づいて現実にどうやって協力体制を強化するかということだといえます。裏返すと、公共私それぞれについての課題は浮き彫りになっていないというのが私の感想です。

自治体という視点で連携論を考えると、市町村も都道府県もそれぞれの区域を持っていますので、その区域の中を充実させたいと考えるのは当たり前のことです。ただし、住民は区域の外と自由に行き来し、そこから区域に限定できないニーズが生まれますから、自治体間連携は必要になるのです。周辺のことに無関心にならずに、協力すればいい。すべてを自前でやることはないじゃないですか。フルセット主義はもともと現実的ではない。

それぞれの自治を維持しつつ、連携を組むのは、そんなに困難なことではないし、意味がある。しかし、それを越えて、連携に上下関係を持ち込むような行政システムをつくろうとするから、いろいろと疑問が出てくるのではないかと思います。

ところで、公共私の連携ということで注目されているのは地域運営組織ですが、地域が「共助」の主体として重要であることは言うまでもありません。一般的には、共助の役割を担う地域とは、自治会・町内会のことですが、最近は、こうした地縁組織をベースにしながらも、NPOを含むさまざまな活動主体も参加する地域運営組織が台頭しています。それらの多くは、法人格を有しない任意団体ですが、多様な活動実態に応じ、認可地縁団体、一般社団法人、NPO法人、株式会社など、多様な法人制度を活用しています。

焦点は法人化ですが、そのメリットとしては、①代表者個人への負担に関する不安の解消、②さまざまな団体との契約・連携による事業の幅の広がり、③経済面・人材確保の面での安定化などが指摘されています。地域の実情と住民の意向によって、法人化を含め、地域課題を解決していくための地域住民組織のあり方も多様であっていいと思います。

自治法で規定されている地域自治区があまり普及せず、地域運営組織が台頭し始めているのは、3分論でいう「公」、すなわち自治体の関与のあり方と関係しているのではないかと思います。地域自治区は、いわゆるコミュニティ自治組織なのですが、パターン化され自治体の関与が強すぎると思われているのです。もちろん、共助としての地域のあり方は、さまざまであってよく、地域住民の意向次第ですが。

今いろいろ議論になっているのは地域運営組織のような大きな共助のシステムですが、先ほど言いましたように、私は、自助と共助の間に互助を置いています。共助の主体として地域があるのですが、互助は、その地域の一部と重なっている。これは、地域の広がりをどういうふうに捉えるかという問題でもあります。

私が想定している互助は、家族と友人と隣人のインフォーマルな小グループですが、その隣人は向こう三軒両隣に暮らしている、心通じ合う住民のことです。気心が知れていて、自分たちができる範囲と程度で、自助を応援する活動のことです。ささやかでも、こうした互助こそが、自助を地域という共助システムとの連結の役割を果たしているのだと思います。互助を内包している地域であってこそ、地域は、困難を抱えている住民にとって、励ましと安心の住み場所になるのだと思います。

■曖昧なまま行われたほうがいいこともある

○今井　都市部の地域社会については、どういう御見解でしょうか。

○大森　自助を出発点で考えれば、人間関係の契機としての「縁」は、血縁、地縁、社縁の3つです。これらが社会生活の中に埋め込まれていた。この3つについて、いわば「無縁化」が進行したのですね。家族・親族では核家族化と単身化が、地域では無関心と老齢化が、勤め先では社員福祉の撤退が起こり、縁の薄い、縁の切れた個人が増えた。それが、より一層顕著に現れてきたのが都市部でしょう。地縁組織の衰退・弱体化が言われて久しい。

都市部の住民の特性は、自助の次は公助になっていて、その間の共助としての地域活動が抜けてしまうことではないか。発想が公私2分論になっている。私生活優先主義で、共助としての地域の必要性を感じない。他人様に迷惑をかけないが、他人様とかかわるのは煩わしく面倒だから、ほっといてほしいということかもしれません。地域との関係性が希薄な「私」でも、自助の力が強ければいいのですが、そうでない場合は公助としての役所は放置できない。

自治体側は、何だかんだと、自治体を頼られるのは大変ですから、自分たちでできることは自分たちでやってほしいということになる。自治体が共助としての地域づくりに熱心になる理由ですね。しかし、それを押し付けがましく推進すると、住民のほうに、やらされ感が生まれ、嫌がられる。結局、役所から言われたからやるのではなくて、自分たちで「これならばやってみたい、やれる、やりましょう」ということになり、それを役所が大らかにサポートするほうがいい。

子育て・見守り・お祭り・防災など、共助のニーズは少なくない。短い時間でエイヤッと地域の共助体制を整備するのではなくて、時間をかけて熟成させていくしかないと思います。住民の中に共助のニーズがなければ地域は私生活の寄せ集めになるだけです。

この「公共私」の「私」は個人だけに限られないのではないか。先ほどの「官民」の場合の「民」は民間人ですが、「民」が結び合って民間団体を作っている。したがって、自助の「自」は個人に限らず民間団体が主体として入っている。私的活動の主体は「個人」と「民間」だからです。民間の場合も、自助ということでは、民間活動は自前でやることが原則で、自分たちでできることは自分たちでやる。役所を頼らないで自主独立で活動する。

実は、自治会・町内会活動も地域運営組織も民間活動ですが、例えば市町村単位にある社会福祉協議会も、本来は民間機関なのですね。しかし、役所との深い関係から半官半民といわれ、民間機関としての良さを発揮しにくいといわれている。共助としての地域が行政化されすぎていないか。どうしたら民間としての独立性、自主性を発揮できるかが課題であり続けている。

NPOの場合も同様の悩みをかかえている。NPOは、公助の「公」ではなく、共助の「共」なのですが、活動の種類でいえば、現在の市町村がやっている以上のことをできる。NPOの人たちは、公共的活動はみんな行政でやらなくても自分たちでもできる、そういう意欲や気概で活動をしている。問題は寄付など自主財源の確保です。NPOは、必ずしも地域限定的ではありませんが、実際には、共助としての地域を支える重要な主体となっている。

実際の活動をみると、自助なのか共助なのか区別が難しいことが少なくないのです。議論として3分論とか4分論をしますが、現場で活動している人たちにとっては、自分たちの思いが実現できればいいわけで、あまり概念整理しないほうがいいかもしれない。場合によっては曖昧なままあることのほうが活動しやすいのかもしれません。それが実践的な知恵なんじゃないか。

役所のほうは、ここまでは行政、ここから先は家族、地域とか個人というふうに守備範囲をきれいに分けたいかもしれませんが、ある程度、曖昧のままにしておいたほうがいいかもしれない。曖昧なことを運営する能力も自治の能力の一部ではないかと考えたらどうかと思います。

■その結果は自治体の住民が背負う

○今井　本来、「公」、つまり政府としては、公共私論の中ではどういう責任を負うのでしょうか。

○大森　同じ3分論でも、「自共公」と「公共私」では、並びが反対ですね。やや屁理屈なのですが、「自共公」では、公は、自と共が無理なこと、できないことを受け取って支えるというイメージですが、「公共私」では、「公」の支えがあってこそ「共」や「私」（自）が成り立つというイメージも構成できます。もっとも、「公共私の連携」論では、自治体行政のあり方が問題にされているため、「公」が先頭にきているともいえますが、どちらかといえば、「共」と「私」は「公」との協働のパートナーになっているのではないでしょうか。

新型コロナ対策を例にとると、自粛要請の見返りとして、国は市区町村を使って、すべての住民に一律10万円を配りましたが、コロナ禍によって、最も疲弊している人々、最も困窮している人たちに支援の手を差し伸べるのが、国も自治体も、政府としての基本的な任務じゃないかと思います。今、緊急支援ということで、実際の施策はごちゃごちゃしていますが、できるだけ見きわめをつけていくことが重要じゃないかと思います。どこにどういう形で公金が流れていっているのか。どさくさのときにいろいろなことが起きますから。

また、非常時のときは、知事や市区町村長の言動も目立ちますが、住民は、平常時に選んだ首長が、非常時への対処で、どんな資質と能力を見せているか、しっかり観察し、次の選挙で生かす必要がありますね。

■みんなが注視していく必要がある

○今井　公共私のそれぞれのセクターの役割の現状、そして、その中で自治体行政あるいは国の行政が果たすべき役割をお聞きして参りましたが、公共私連携のこれからの方向性について、まとめとしてお聞かせいただければと思います。

○大森　さきほど菅総理の3分論が話題になりましたが、2012年に社会保障制度改革推進法が制定され、その2条に何が書かれているかというと、総理と同じような言い方が出てくるのです。こう書いてある。「自助、共助及び公助が最も適切に組み合わされるよう留意しつつ、国民が自立した生活を営むことができるよう、家族相互及び国民相互の助け合いの仕組みを通じてその実現を支援していく」と。

医療・介護・福祉・子育てを中心にした社会保障制度全体は、財政運営上、厳しい状態が続いており、その持続可能性を図っていくためには、家族とか国民の相互間の助け合いが重要だとしている。公助ではなく、「自助」と「共助」が頼りにされている。これは総理と同じような考え方です。

例えば、介護保険財政は、経費の半分を国と自治体の公費が賄っていますが、給付費の単価は国の予算編成で決めますし、運用基準も国が示しますので、国の支出をできるだけ削減しようとする圧力が効いてくるのです。介護保険の理念が自立支援だけに、今まで介護保険給付で賄っていたサービスを家族とか地域に戻そうという動きがないわけではありませんので、要注意です。

もともと高齢者介護は自助や家族ではとても無理だからということで介護保険を作ったにもかかわらず、個人や家族の方へ戻そう、地域に戻そうという動きが出てくる可能性は十分ある。あらためて、自助・互助・共助・公助の関係が、公助の縮小に向かわないかどうか、現場で活動している人たちを含めて、みんなが注視し、発言していく必要がある、というのが私の率直な感想です。（拍手）

〔講演〕

「財政問題」としての介護保険と地域共生社会

高端正幸

〔埼玉大学〕

■「公・共・私」、「自助・共助・公助」

私は財政学の観点から、公共私連携というテーマについて、介護保険制度導入から20年といういま何が言えるのかという問題意識でお話ししたいと思っております。

はじめに、公・共・私あるいは自助、共助、公助という言葉の使い方について整理しておきたいと思います。その上で、特に介護保険制度というものをどう理解すべきなのか、そして今日のメインテーマである公共私連携について、私なりに何が言えるのか、という順番で話を進めていきたいと思います。

特に阪神・淡路大震災以来、災害対策の分野で、自助、共助、公助という概念が非常によく使われるようになっています。さきほど大森先生から、家族は自助ではなく互助だというご意見がありましたが、災害対策の世界では、自助に個人のみならず家族も入る形でイメージされております。

そして、共助というのが主体としては町会、自治会、消防少年団、社会福祉施設などが挙げられていて、身近な地域に展開している、家族という私的な領域を超えたつながりみたいなところを指しています。そして公助というのは行政機関とされていまして、この公助の中にもちろん自治体も入っています。今日、私は基本的にはこのイメージで「公」「共」「私」という表現を用います。

ただし、ここに互助が加わるという整理もあるわけですね。大森先生はそれを重視しておられるわけですが、たとえば近年の地域包括ケアの議論の中では自助・互助・共助・公助の４類型で整理されております。

互助という言葉を入れることの意味は何か。自助・共助・公助の３類型と何が違うのか。まず、互助が入ることで、災害対策で言っている共助が、地域包括ケアでは互助になっています。そして災害対策では公助に含まれているところの社会保険制度が地域包括ケアでは共助として、公助から切り分けられています。

後で財政のお話をするときに、日本の社会保険中心主義との関係でこれが重要になります。４類型として社会保険制度を「共助」とし、それを「公助」と切り分ける最大の目的は、社会保険制度（共助）と税を財源とする福祉サービスの領域（公助）とを明確に区別することにあります。そして社会保険制度に共助というラベルを張る限り、災害対策で共助といっている地域の支え合いの領域には別のラベルをつけなければいけないので、地域包括ケアでは「互助」を入れて４類型にする必要があったわけです。

社会保険制度を共助と定義し、税を財源とする福祉を公助と定義して切り分けることが、なぜ、どのように重要なのでしょうか。例えば２０１３年の社会保障制度改革国民会議報告書は自助、共助、公助という三分論です。そして、国民の生活は、自分の健康はみずから維持するという自助を基本とすると謳います。その上で、共同してリスクに備える仕組みである共助が自助を支えると書いてあって、この共助というのは明らかに社会保険を指しています。そして、共助でも対応できない事態に公助、すなわち税を財源とする福祉が対応するのだとされています。

つまり、まずは自助、自分で頑張る、自分で生活を維持しようとすべきで、それを社会保険制度が補完するというわけです。そのうえで、自助でも共助でも対応できない困窮状況に対して、受給要件を定めた上で限定的に、公助すなわち税による福祉が補完するというたてつけが、社会保障の世界ではとられてきた。この同じ報告書は、こうしたいわば「まず自助（自己責任）、それを共助（社会保険）が補完し、それでもダメな場合に公助（税による福祉）」という考え方は、戦後の社会保障制度を設計する1つの指針となった1950年の社会保障制度審議会勧告以来、日本の社会保障を貫くものだと述べています。以上のことは、後ほどの財政の話に関係してきます。

いずれにしても、今日の私の話は基本的に地域レベルでの公共私連携の話なので、おおむね自助＝私＝個人・家族の領域、共助＝共＝それを超えた支え合いの領域、公助＝公＝自治体や社会保険制度を含めた政府の領域、というイメージでお話をしていきたいと思います。

■「共」に密接した「公」としての介護保険制度

そのうえで、介護保険制度って何なのかということを考えたいのですが、その前に自助、共助、公助の相互関係についてもう少し整理しておきたい。ちょうど自民党総裁選にあたって菅さん（現首相）が言及して、衆目を集めたところでもあります。

はっきりと申し上げると、自助がだめなら共助で、それもだめなら公助というのは「皆さん、自分で頑張ってね」というスローガンにすぎなくて、現実の捉え方としてはまったく誤っています。むしろ普通に考えれば、自助、共助、公助というのが相互補完関係にあるとみないと、現実を捉えたことにはなりません。

これは「公・共・私」と言う時も同じです。もちろん個人を含む「私」の自由や自律性に根本的な価値が認められますが、基本的には相互補完関係にある。そうすると、公共私連携を考えるという今日のテーマは、要するに、公・共・私のベストミックスをそれぞれの地域で探っていくために重要な観点、課題とは何なんだろうかという問いなのだと思います。ちなみに、公・共・私のベストミックスという言葉は慶應義塾大学の井手英策さんがお使いになっていたり、自治体戦略２０４０構想研究会報告書にも見られた表現だと思います。

以上を整理した上で、介護保険制度とは何か。何よりもまず、介護サービスへのアクセスを保障する公的かつ根幹的な制度であるという意味で、「公」であるといえます。

ところが、非常に特徴的な制度でもあります。原則として市町村を単位とする社会保険制度として組まれているという点です。介護保険制度創設の経緯の中でいろいろ議論がありました。基本的に市町村単位としていく流れは早目にできていましたが、そもそも社会保険というのはリスクを共同化する仕組みで、リスクプールは大きいほうがよいはずです。

ならば全国保険にすればいいはずなのに、そこをわざわざ意図的に住民に近く、高齢者福祉の実施主体である市町村を保険者とした。つまり、サービスを供給する、あるいは地域で高齢者を支える主体と保険制度の運営主体を一致させることで、地域に主体性を持ってもらうということが意図されて、わざわざ地域を単位とする社会保険制度として成立したわけです。その意味では、公的責任に基づく制度でありながら、いわば「共」に非常に近接したところで機能するよう意図された保険制度だということができます。

そうすると、午後のセッションを含めて私たちが考えるべきことは、介護保険とは、高齢者ケアを保障する公的かつ根幹的制度として地域主体のケアの展開を密接に下支えし、一人ひとりの人間的な生活の条件を実現するものとしてつくられたけれど、実際にはどうなのか、という問題になります。

いま「一人ひとりの」という言い方をしました。これは、介護保険制度は高齢者のみを支えるものではないという意味を込めてのことです。介護保険は介護保険法の条文上、ケアを必要とする人に対して適切なケアを提供することが目的になっていますが、介護保険制度のもとで展開される今日の高齢者に対するケアは、生活の場としての地域全体をどうつくり変えていくのか、あるいは人間が人間らしく生きるための地域の条件をどう編み直していくのかという問題と不可分のものです。こうした観点を抜きにして、高齢者をどう支えるのかという問題は語りようがありません。

しかも、高齢者に対するケアをどうしていくのかということが、まさに今日の午後、堀越先生が主題にされるケアラー、家族介護者の生き方にも当然絡んできますし、さらには家族を超えた地域の支え合いの形も問われてくるという意味では、地域に暮らす全ての人々が当事者です。高齢者介護、高齢者のケアというのは高齢者のためのものでは全くない、むしろ地域全体の問題、すべての人々の生き方の問題として考えないといけないし、そういった問題意識から介護保険制度のあり方も考える必要があるわけです。

■財政事情への従属と社会保険中心主義の限界

そういう私の認識を示した上で、少し財政の話に引きつけていきたいと思います。

御存じのとおり、まず明らかなのは、介護保険制度が2000年度に導入されたのち、早くも2002年、2003年ぐらいには、給付の急速な膨張に対する財務省や厚労省の危機感のもと、給付を抑制する方向で制度の改変が進むようになってしまったということです。

給付抑制方針が続くということは、「共」に密接しつつ「共」を支えることで「私」を支える存在の、「公」としての介護保険制度から、「私」と「共」への負担転嫁が明らかに進んできているということです。これは誰も否定できないと思います。特に国の財政支出の抑制が明らかに最大の動機となって、その結果として、介護政策が財政事情に従属する状況がずうっと続いてきております。それが非常に大きな足かせとなっているわけです。

今日は、財源をどうするかという話は主題ではないと思いますが、問題提起だけしておきたいと思います。介護政策が財政事情に従属してきた、というときの財政事情って何ですか、ということです。この辺は自治体、行政にかかわっている方なら御存じの事実でありますが、改めて数字を見ると、すごい変化があったことがわかります。

国の一般会計において、社会保障関係費は、90年度には歳出予算の17・5%を占めていたものが、30年後の現在は3分の1を超えています。国債費が伸びて歳出予算全体を大きく膨らませているにもかかわらず、そこに占める社会保障関係費の比重がこれほどに増えています。そして市町村のほうも、民生費は最近15年間でおおむね倍増している。そういう大きな変化がありました。結果として、平成の30年間を経て、社会保障は財政支出の圧倒的な中心になり、であるがゆえに、財政赤字の犯人扱いされる状況が続いているわけです。

しかし、落ち着いて考えてみましょう。そもそも財政というのは、私たちの共同の財布であるはずです。つまり、財政というのは私たちが共通して抱える何らかのニーズを満たすためにあって、だからこそ私たちは税を委ねるわけです。逆に言えば、もし財政が私たちのニーズを満たさないとすれば、財政というものには存在意義がなくなります。

ところが、財政事情に政策、特に今日のテーマにひきつければ高齢者のケアの政策が従属していくということは、私たちが決めるはずの満たされるべきニーズを財政事情が決めてしまっているという、非常におかしな状況なわけです。

このおかしな状況を正すにはどうすべきか。お金がない、ない袖は振れない、だから仕方ないではなくて、ニーズを積極的に満たせるようにしていくために、私たちの税の負担を増やせばいい。当然それが筋となりますよね。

ところが、日本の人々は税の負担を強く嫌っているという事実が壁になっています。国際世論調査で、平均的な収入の人の税負担をどう思うかという問いに対する回答をみると、日本は、高過ぎる、どちらかというと高過ぎるという回答が割と多い国です。ところが、主要国の中でも日本の人々の税の負担はかなり軽いほうです。

つまり、負担は軽いのに、それを非常に高いと思っている。嫌税感が強いということですね。そして税を嫌うから、歳出抑制論や減税論ばかりが幅を利かせてしまう。この点こそが、私たちの財政、つまり共同の財布をきちんと満たして、ニーズの充足を進めていくという観点から、極めて重要な問題になります。

それでは、負担が嫌われ、ニーズの充足が進まないという問題と、介護保険制度とは、どのような関係にあるでしょうか。日本では社会保障支出の8割以上を年金・医療・介護が占めています。この割合は欧米諸国と比べて明らかに大きい。年金と医療と介護の財政支出が大きい、大きいと言われますが、確かに社会保障支出に占める割合は大きい。ただし絶対額は、ほかの国と比べて日本は世界一の高齢化を既に遂げている割には大きくないです。いずれにせよ、この年金、医療、介護が、とりもなおさず社会保険で財源が賄われている。もちろん税も入っていますが、制度としては社会保険制度をとり、主な財源は社会保険料であるということです。

それに対して、失業、子育て、障がい、住宅等々の部分が小さすぎる。少なくとも財政支出の規模で見る限り、これらの分野が極端に自己責任に任されているのが日本の状況なわけですが、大事なのは、失業を除き、これらの極端に手薄な子育て、障がい、住宅等々は財源が税だということです。

先ほどご紹介した社会保障制度改革国民会議報告書での表現を見ても分かるように、結局のところ、税を財源とする福祉は限定していくというのがこれまでの日本の伝統芸です。そして、社会保障は社会保険を中心とするべきだというのがコインの裏返しなわけですね。これをはっきりさせるために、税による福祉は公助、社会保険は共助という切り分けにこだわってきたのが、戦後日本の社会保障の歴史だといってもいい。

その背景には何よりも、給付と負担がリンクする社会保険制度のほうがそうでない税より国民が負担に納得しやすいという事情があります。負担を嫌う人々に何とか負担をしてもらおうと思えば、なおさら税より社会保険でという発想に傾倒していくことになります。

そういうことで、介護保険制度も創設時には財源確保のしやすさを重視して、税ではなくて社会保険でやることになった。ところが、それでもなお財源確保が困難で、給付の抑制に走るような状況に陥ってしまっているというわけです。

■介護保険制度の地域的課題

つぎに、公・共・私という今日のメインテーマに絡めて、介護保険制度の課題を私なりに列挙したいと思います。まず何より、保険単位が原則市町村とされたことの意味が重要です。つまり、介護保険制度は「共」に近接したところで、「共」を下支えする「公」のシステムでなければならないということです。

そういう観点から見て、介護保険制度にはいろいろな課題があります。今日は、ふだんあまり言われていない気がするけれども、重要なのではないかと私が思うことを2つほど挙げておきたいと思います。

第一に、介護保険制度の運営への住民参加の拡充というものはあまり重視されてこなかったのかなと思いますが、非常に重要だろうと思います。介護保険事業計画の策定に市民公募委員を入れることはよくありますが、さらに熟議民主主義的な手法を活かすことが必要ではないでしょうか。

裁判員制度が既存の仕組みでは一例ですが、介護保険事業計画の策定に、必ずしも福祉の専門家でもない、福祉のワーカーでもない、あるいは町内会で頑張っているわけでもない無作為に選出した「ふつうの人」に入ってもらう。そのうえで、介護保険事業計画を策定するのが目的なのですが、そのプロセスを通じて住民が介護保険、あるいはそのもとでの自分が住んでいる地域における高齢者を取り巻く状況は一体どうなっているのかということを学び取っていく、そういうプロセスとして機能させることが意図されてもいいと思います。そういう試みはすでにあるのかもしれないんですけど、私は知りません。

地域内分権のなかでの熟議プロセスの導入も重要ですね。地域内分権の中でまちづくり協議会など、いろいろ主体があるわけですけれども、高齢者のケアをどうするかという問題について、地域内分権の中で熟議プロセスを数多く作り出して、住民の学びの機会を増やしていけるかということも、1つ大きなポイントかなと思っておりります。これは、高齢者のケアというものを幅広い住民が自分事として考えていくとともに、まちづくり全般と介護保険のあり方とを意識的につなげて考えるという意味で、とても重要だろうと思います。

第二に、高齢者福祉あるいは介護保険の担当課、さらには福祉事務所、児童相談所なども含めて、専門性の高いソーシャルワーカーをきっちり配置していくことが重要だろうと思います。高齢者福祉あるいは介護保険担当課に関しては、措置制度が廃止されて介護保険制度となって、民間の事業者に出していくことになった結果、私が知る限り、多くの自治体で担当課職員の専門性はかなり下がったはずです。

私が様々な現場を見せていただいたり、地域での取り組みを見聞きする限りでは、型にはまらずに頑張ろうとする高齢者ケア事業者に対する、行政の理解や行政からの積極的なサポートが、しばしば欠けているように思います。既存の枠にとらわれない問題意識を持って自治体の担当課に足繁く話をしにいっても、ひどい場合は厄介者扱いされてしまう。自治体により様々ではありますが、それではだめだろうと感じています。

その上でさらに、役所から積極的に、福祉や医療事業者、住民組織等の多様な主体に働きかけていき、つながりを創出・調整していく役割を「公」が発揮する必要があります。「共」が生活の場において高齢者の生活条件を創ろうとする試みを「公」がコーディネーターとして支えていくためにも、専門性を持ったスタッフをきちんと配置し、「公」が「共」の領域にアウトリーチしていく能力が不可欠になっていると思います。

介護保険制度自体は介護給付、予防給付があって、総合事業があって、というメニュー化された世界なわけですが、問題はそれをどう使いこなすかという点にある。高齢者あるいは認知症を持っている方などが、ちゃんと住まいを確保して、人間関係に支えられ、尊厳ある生活条件を実現できる地域にするためにも、高齢者のみならず、障がいを持っている方、子ども等々多様な人々にとって住みやすい地域を実現するためにも、介護保険制度をどう生かし切るかというところで、私たちは知恵を絞らなければいけないと思います。

■公共私連携でニーズを満たす

つぎに、介護保険制度の改善について財政的側面に絞って考えてみます。1つはサービス利用時の自己負担です。私は自己負担は無くしていいと思っています。ケアプランをつくるときに、お金がかかりすぎるからサービス量を抑制するのが普通のことになってしまっていますね。介護保険制度のもと、我々は保険料を払い続けて、給付を受ける権利を得ている。それなのにサービスを受ける段になると、その値段を気にして必要なサービスをあきらめないといけない。コスト意識を持たせるために自己負担が必要だというのは、仮に医療に当てはまるとしても介護には不要です。ニーズに応じて必要なサービスをきっちり出すのが要介護認定の意味であり、介護保険制度の理念であるはずです。

次に、利用限度額が設定されていて、それを超えると10割負担になってしまうという問題です。これが特に要介護度が高い場合にニーズが満たされない大きな原因となっています。利用限度額は撤廃するか、少なくとも確実に引き上げていく必要があるでしょう。

もう1つ、私は確たる見解を持たないのですが、ケアラー支援の話も午後にありますのであえて提起しておきます。家族介護に対する現金給付の可能性については介護保険の創設時から議論がありますが、家族の介護負担の問題が深刻な今、どうなのか。ドイツの先例もありますし、家族介護に対する現金給付の是非をもう一度きちんと検討してもいいと思います。ただしこれはご承知のとおり、介護の社会化やジェンダー平等といった観点からデリケートな問題でもありますし、介護サービスの量的・質的な充実が図られれば現金給付による家族介護支援の必要性は薄まります。

最後です。保険料負担の厳しさです。介護保険もそうですし、特に国保とか国民年金で、保険料負担の逆進性、不公平性は明白です。消費税の逆進性についてこれほど世の中は騒ぐのに、社会保険料の不公平の問題はなぜあまり騒がれないのか、私にはよく分かりません。

これをどうにかするには、社会保険料ではなく税で積極的にニーズを満たしていくことを考えなければいけません。つまり増税が不可欠ということになりますが、税負担の増加に私たち国民が進んで同意できるのかという点が問われます。政府への信頼が欠如する現状をどう変えていくか。それに加えて、私たちの生活が私たちの負担によってちゃんと支えられている、自分の安心をちゃんと私は税で買っている、という意識を少しずつでも醸成していくことができるかどうかが鍵だろうと、私は考えております。

さて、結論です。自助∨共助∨公助、つまり自助がだめなら共助で、共助がだめなら公助というスローガンはもう忘れるべきです。特に公共私連携を具体的に考える上では、自助∨共助∨公助でなくて、基本は相互補完、つまり三角形のイメージであるはずです。ただし現状を踏まえれば、何よりまず公助がしっかりしてこそ、共助や自助が無理なく成り立ち得るという観点が重要ではないでしょうか。

結局のところ、いかにして「公」が力強く「共」と「私」を支えるかということが問われています。地域共生社会と言われていますが、「公」が機能することが何よりも前提であり、「公」と「共」は取りかえられるものではない。「公」の撤退を「共」が穴埋めするなどありえないという、当たり前のことを指摘しておきたいと思います。

今日、生活の場としての地域における共同性を編み直すことは当然必要な課題です。しかも、歴史的・大局的に見れば、人間は生存を維持するために共同性を編み直し続けてきました。そこから近代以降、「見知らぬ他者間の共同」としての財政も生まれてきたと言うことができます。

ところが今日、人間が生きる条件は共同性の中でしか成り立ち得ないという事実に人々が気づきにくくなっています。そのため、危機が深まっても共同性の編み直しが進みにくい。これは何よりも市場化の進展、消費主義、個人化、といった趨勢が我々の内面に働きかけてきた結果なわけです。

この状況を乗り越えるためには、私みたいな財政学者が税制改革だとか介護保険制度改革だとかいったマクロの制度論をするだけでは全く足りません。生活の場としての地域の、ミクロなレベルでの公共私連携の見直しの努力を積み重ねて、少しずつ大きな変化につなげていくという流れも、我々は懸命につくっていかなければいけないと感じております。（拍手）

質疑

司会　飛田博史

〔地方自治総合研究所〕

■再び道州制が出てくる

○飛田　YouTube のチャットでたくさんの質問をお寄せいただきまして、ありがとうございます。時間が限られておりますので、この中からいくつか選んで両先生にうかがいたいと思います。

大森先生につきましては4点うかがいたいと思います。まとめてお答えください。

1つ目は、住民による「共」の下支えとして自治会の役割が期待されますが、高齢化のために、現実には会員同士の負担の押し付け合いになっています。結局、「共」の担い手の活力がないと「共」を支える主体自体がなかなか機能しないことになると思いますが、地域の課題に継続してかかわる器をどのように立て直せばよろしいのでしょうか。

2つ目は、今回の新型コロナ対策として、官民、公助自助、国地方などの関係はどうあるべきでしょうか。

3つ目は、連携について語ると、いまだに道州制の話が出てくるわけですが、改めて道州制について先生のご見解はいかがでしょうか。

4つ目は、「共」の主体にはさまざまありますが、先生がお話しになった地域運営組織と従来の自治会との関係についてどのようにお考えでしょうか。

以上についてお答えください。

○大森　まず道州制について。1つは大阪の動向です。大阪維新の会は、「大阪都構想」の実現を目指していますが、今回は、公明党の支持もあって、「大都市地域における特別区に関する法律」に基づいて、大阪市を廃止し4つの特別区を設置する案が住民投票にかかることになりました。どうなるか分かりませんが、可能性が高いと見られています。実は、大阪維新の会はもっと大きな改革構想を掲げているのです。それが統治構造の改革としての道州制の実現です。自民党・公明党は、すでに「道州制基本法案（骨子案）」（現在は棚上げ）をもっていますし、維新の会も案をもっています。今後の中央政界の動向によりますが、何かのきっかけで、道州制が出てくる可能性が十分あると見ています。

現在考えられている道州制にすると、廃止される都道府県の仕事はほとんど基礎自治体に移すとしていますから、一定規模以下の市町村は合併になり、町村は全廃になるでしょうね。私は、一貫して、道州制に反対してきましたが、特に日本維新の会の動向には要注意だと思います。

■自治体は困難に直面している

○大森　次に、新型コロナ対応における、「官」と「民」とか、公助と自助の関係について、あるいは国と自治体の関係をどう考えるかについて。

感染症法をベースにして、新型インフルエンザ等対策特別措置法、いわゆる特措法を発動して対応しています。非常事態宣言が発令され、都道府県知事が権限行使をしましたが、この法律では基本的には住民に行動を強制できない。自粛要請になっています。自粛を要請するとは変な概念とも言えますが、ともかく外出、イベント、営業を自粛してくださいと協力を要請している。自粛要請ですから補償はなしです。

しかし、補償に近いものをせざるを得ませんから、自粛要請の見返りとして協力金、支援金を出しましょうという施策になっている。これは、自治体では一般にみられる「見舞金」制度に近いものです。国は、すべての住民に一律10万円を市区町村を使って配りましたし、自治体は、減収で困っている事業者へ協力金を支給しています。しかし、そうそう財政がもちませんので、自治体側はやりくりに相当難儀をしていると思います。対新型コロナで国と自治体の権限関係をどうするかという課題も出てきましたので、例えば、ある程度落ち着いたら特措法を直すことになるのかもしれません。

今のところ、強制ではなく、自粛要請で、新型コロナ対策をやっていますが、住民や民間は、よくそれに応じていると思います。同調圧力が効きすぎている面はありますが、自ら新型コロナ回避の行動を選択しているのですから、これは自助力の発揮だともいえます。国や自治体が言っていることへの信頼の結果なのかどうかは検証を必要としますね。

実際に、新型コロナ禍の対策を最前線でやっているのは保健所ですが、住民からの相談、PCR検査、入院調整、疫学調査など、その対応は大わらわになり、人員を含めて態勢強化の必要が浮き彫りになっています。また、保健所は、都道府県、政令市及び東京の23区に設置され運営されていますが、保健所の判断と首長の判断の連携という課題も指摘されています。新たな感染確認情報の出し方についても、自治体の広報戦略のあり方として工夫の余地が出てきています。今のところ、臨機応変というか、試行錯誤的に対応策を打っている状態ですが、ぎりぎりしのいでいるというのが実情ではないかと思います。

■最も重要なのは事務局

○大森　それから、自治会・町内会あるいは地域運営組織といった「共」の主体としての地域について。自治会・町内会は、伝統ある住民自主組織でして、そう簡単になくなりません。この住民組織の特色は、加入が世帯単位で、会費が等しく、区域が整然と分かれていることで、全戸加入を理想としていることです。

この地縁組織の意義は、いろんな事情で地域の外に出て活躍できなかった人たちが地域の中で役回りを背負って活躍する場にもなってきたことです。また、民生児童委員などの候補者を市町村長からの要請を受けて推薦する役割も果たしていますし、市町村の施策に要望を出すとともに役場の行事に協力するといったこともやってきました。市町村と密接な関係を持ちつつ存在してきました。けっこう、生命力は強いと思います。

しかし、ご指摘のように、現実には、会員が減り、役員の引き受け手が見つからず、しかも高齢化が進み、いろんな点で運営が苦しくなっている。どうすればいいかということになる。

1つは、自治会・町内会の存在とその役割を基礎としつつ、地域のニーズにより応えうるような組織の形態を考えることとです。例えば、地域運営組織の形成です。地域運営組織のメリットはどこにあるかというと、例えば地区にこだわらず課題指向で自主的に活動を行うＮＰＯも参加できるし、場合によっては法人格を持って営利事業をやるような人たちも入ってきて、自分たちの維持・活動の経費を稼ぎ出すこともできる。

従来の自治会・町内会にこだわらず、地域にどんなニーズがあるかによって、どういう組織をつくればいいかというふうに考えたらどうかと思います。加入が世帯単位で、世帯主が男性であることがほとんどであることと関係して、会長等の役員を男性たちが占めてきました。思い切って、女性を会長にして、活動の活性化を図ってみるのも一方策かもしれません。住民にとってのニーズがなければやめる以外にない。

しかし、やめられませんので、何とかして、基礎的な単位として町内会、自治会を入れ込みながら、新しい地域の自主組織をどうやってつくり上げるかということが、今のところ課題になっているし、市町村も一生懸命、それを推進しようとしている。なかなか思うようにいかないところもあるし、けっこううまく運んでいるところもある。

決め手の1つは事務局に人を得ているかどうかです。例えば、公民館が地区ごとにあるところでは、配置されている館長と主事に、公民館の機能だけに限定しないで、地域運営組織の事務局機能も引き受けてもらうことで、活動の活性化が図られたりしています。人を含め地域の資源を引き出す知恵を働かせています。

自治体と自治会・町内会の関係は、けっこう、難しいんです。地域運営組織を一律につくろうとすると、自治会・町内会のほうで反発することもある。余計なものは作るなと。長い間、誇りを持って活動してきた人たちのメンツをつぶすようなやり方を取ったら、当然、怒ります。ですから、自治体としては、ゆっくりと時間をかけて話し合い、従来以上の機能が果たし得るようなタイプのものへと変えていくよう促していく必要がありそうです。

■政治に参加していくということ

○飛田　続きまして、高端先生にも次のような質問が寄せられております。

「共」を支える専門人材を安定的に確保する必要があるわけですが、これが困難となると、結局、公務員を増やさざるを得ないのではないでしょうか。その場合、自治体の人件費圧縮に対する厳しい姿勢をどのように克服すればよいのか、お考えをお聞かせください。

○高端　どういうレベルでこの質問を受け止めるかによって、答えにはいろいろな切り口がありえます。今日の介護とか福祉全般との関連で1つ言うと、公務員を増やすべきだけど、そのための財源がなかなか確保できない、人件費削減圧力がとまらないというときに、公務員の姿が住民の方々から見えにくいというのが一因としてありますね。

介護保険制度の前から、いわゆる社会福祉の分野は社会福祉法人を含めた民間の事業体にかなり任されてきたわけです。直接役所が何をやっているのかということを、地域のレベルで地域の住民が感じられる場面はあまり多くなかったりするわけです。公務員が私たちの生活を地域で支えてくれているという実感が持ちにくいと、公務員を増やせという世論も高まりにくい。そういう問題もあるということは言っておくべきかなと思います。

その上で、総論としては、今日は特に地域レベルに着目した話だと思いますので、1つは先ほど申し上げたことにもかかわって、住民参加をどう強めるかということだと思います。いろいろな政策決定の場とか、地域内で分権化されたところのまちづくりの協議会とか、いろいろな場において、何かを決めることを目的とするだけではなく、決めるプロセスを通じて、地域の人たちがいかに様々な問題を自分事として理解し、問題意識を共有していけるか、そこは非常に重要で、そういう場をたくさん生み出していかないといけない。それを通じて、なぜ公務員が必要なのか、さらには、なぜ「公」というものが重要なのかということへの理解を醸成していくということが根本的には重要なのだろうと思います。

もう1つは、きのう参加していた研究会でも最後、そういう話になったんですが、教育ですね。私が比較的よく知るスウェーデンのような国と比べると、学校という場における生徒の自己決定権みたいなものが日本とスウェーデンを含めた北欧諸国との間では全然違う。北欧では、学校という小宇宙の中ではいわば「公」の範疇に属する学校の管理運営についても、生徒たちが主体的に決定していくという意識が非常に小さい頃から醸成されていくわけです。

政治、選挙との子どものかかわりというのも、時間がないので詳しく申し上げませんが、非常に密接なかかわりの場がたくさん設けられていて、政治に参加していく意識が少年期を通じて自然にできていく。そういうことがあってこそ、そのために公務員を増やさなきゃねとか、そのために税を負担しようという話になり、北欧の福祉国家は支えられています。

○飛田　改めて、御登壇いただいた大森先生、高端先生に感謝申し上げます。ありがとうございました。（拍手）

〔パネル討論〕

「私」を支える「共」のしくみと「公」の役割

司会　上林陽治〔地方自治総合研究所〕

〔報告①〕**ケアラー・ヤングケアラーを社会で支える必要性とその仕組み**
～地域・中間支援・行政・議会～
堀越栄子〔日本女子大学名誉教授、日本ケアラー連盟代表理事〕

〔報告②〕**まちぐるみの支え合い**
～武蔵野市の地域包括ケアの取り組み～
森安東光〔(公財) 武蔵野市福祉公社理事〕

〔コメント〕**大森　彌**〔東京大学名誉教授〕／**高端正幸**〔埼玉大学〕

報告❶

ケアラー・ヤングケアラーを社会で支える必要性とその仕組み

～地域・中間支援・行政・議会～

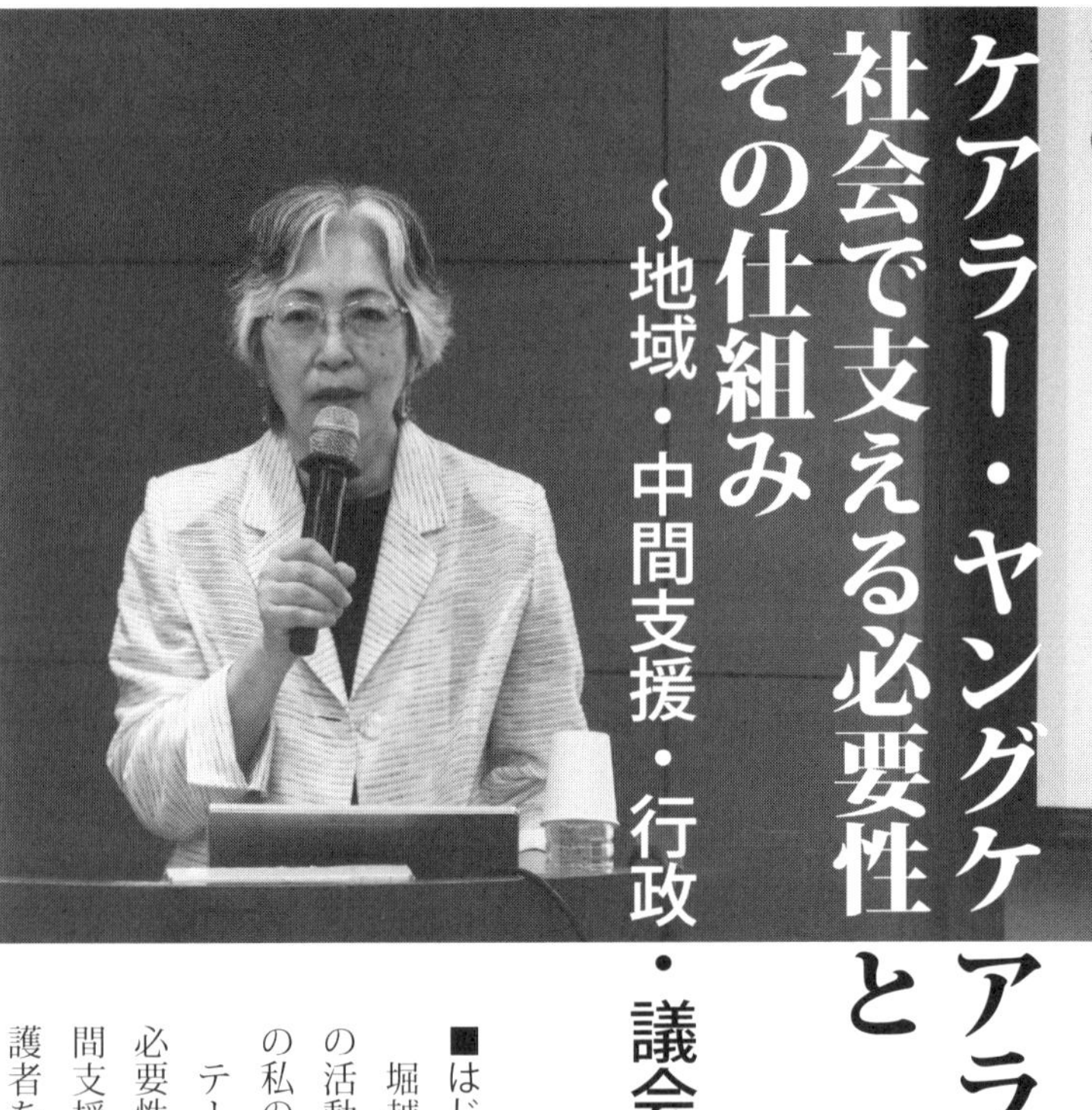

堀越栄子

〔日本女子大学名誉教授、日本ケアラー連盟代表理事〕

■はじめに

堀越です。よろしくお願いいたします。ケアラー支援の活動を公共私に引きつけてお話をするというのが今回の私のテーマかなと思っています。

テーマは「ケアラー・ヤングケアラーを社会で支える必要性とその仕組み」ということで、副題に、「地域・中間支援・行政・議会」とつけました。家族など無償の介護者を支援するには、地域の市民団体や様々な団体と中間支援の組織・行政・議会の連携が必要だというストーリーでお話しさせていただきます。

まず、ケアラーとは、ヤングケアラーとは、ということを簡単にご説明し、なぜ支援が必要なのかについてお話しします。次に、今や誰もが介護する・される時代ですのでケアラーは多様です。ケアラーがどんな実態にあるか、コロナ禍のケアラーについても少し付言させていただきます。何をすることがケアラーを支援することなのかということにも触れます。

そして、これまでどのような支援活動をしてきて、今どんな支援活動をしているのか、その中で地域とのかかわり、行政とのかかわり、議会とのかかわり等がどのように行われてきたのか。さらに、２０１０年からこのような活動を本格的に始めて、10年たって、ようやく埼玉県にケアラー支援条例ができましたので、それがなぜできて、どのようなものなのかについて述べ、最後に、まとめをしたいと思います。

■ケアラーとは、そしてヤングケアラーとは

まず、ケアラーとはということと、ヤングケアラーとはということです。ケアラーという言葉を聞いたことのある方は手を挙げていただけますか。ほとんど全員ですね。すごいです。とてもありがたいことです。

日本ケアラー連盟が「ケアラーとは」ということで使っているイラストですが、これを使わないと、日本ではまだ、自分自身がケアラーかどうかも分からないという実態にあるかと思います。ケアをしている誰でも、ケアをしている相手が誰であれ、またどのくらい、どのようなケアをしていても、みんなケアラーなんですという、横串に差したイメージを持っていただきたいと思っています。ケアラーはケアワーカー、お仕事として介護している人と間違われることがあるのですが、そうではなくて、知人、友人を含め、家族など無償の介護者をケアラーと呼んでいます。

最近、新聞でもヤングケアラーがよく取り上げられるんですが、ヤングケアラーはこんな子どもたちです。家

ケアラーとは

ケアラーとは
一般社団法人日本ケアラー連盟

一般社団法人日本ケアラー連盟

障害のあるこどもの子育て・障害のある人の介護をしている

健康不安を抱えながら高齢者が高齢者をケアしている

仕事と介護でせいいっぱいでほかに何もできない

仕事を辞めてひとりで親の介護をしている

遠くに住む高齢の親が心配で頻繁に通っている

目を離せない家族の見守りなどのケアをしている

アルコール・薬物依存やひきこもりなどの家族をケアしている

障害や病気の家族の世話や介護をいつも気にかけている

心や体に不調のある人への「介護」「看病」「療育」「世話」「気づかい」など、ケアの必要な家族や近親者・友人・知人などを無償でケアする人たちのことです。　＊ケアワーカーではない

小学生ケアラー、中学生ケアラー、高校生ケアラーの存在（ケアラー連盟 HP）

ヤングケアラーはこんな子どもたちです

家族にケアを要する人がいる場合に、大人が担うようなケア責任を引き受け、家事や家族の世話、介護、感情面のサポートなどを行っている 18 歳未満の子どもをいいます。

障がいや病気のある家族に代わり、買い物・料理・掃除・洗濯などの家事をしている

家族に代わり、幼いきょうだいの世話をしている

障がいや病気のあるきょうだいの世話や見守りをしている

目を離せない家族の見守りや声かけなどの気づかいをしている

日本語が第一言語でない家族や障がいのある家族のために通訳をしている

家計を支えるために労働をして、障がいや病気のある家族を助けている

アルコール・薬物・ギャンブルなどの問題のある家族に対応している

がん・難病・精神疾患など慢性的な病気の家族の看病をしている

障がいや病気のある家族の身の回りの世話をしている

障がいや病気のある家族の入浴やトイレの介助をしている

小学生ケアラー、中学生ケアラー、高校生ケアラーの存在（ケアラー連盟HP）

族にケアを要する人がいる場合に大人が担うようなケア責任を引き受け、家事や家族の世話、介護、感情面のサポートなどを行っている18歳未満の子どもを言います。ケアラー連盟では、児童福祉法にあわせて、18歳未満としています。

ここのポイントは、大人が担うようなケア責任を引き受けているということで、「お手伝いをするととても出来のいい子ども」の範疇を超えています。介護することによって子どもたちが得るものもありますが、マイナス面もとてもあるということです。

図の下に小学生ケアラー、中学生ケアラー、高校生ケアラーとあります。小中学生については新潟県南魚沼市、神奈川県藤沢市のすべての小中学校の教員調査をしていまして、調査結果はケアラー連盟のホームページからダウンロードができます。

先生方は、聞かれれば心当たりがあるといいます。南魚沼市の先生の4人に1人、藤沢市では2人に1人の先生が、これまでの教員経験の中で、ヤングケアラーに心当たりがあるとおっしゃっています。これは実数ではなくて、たとえば5人の先生が1人の子どもを見て、見たことがあるという数字になっています。

高校生ケアラーの調査は、濱島先生たちが大阪府立高校の10校の校長の協力を得て、約6000人の高校生に調査をしたところ、約20人に1人の高校生がケアをしていると回答しています。これはあまり文字にはしていないのですが、偏差値を見ると、低目の高校で10人に1人とか、ヤングケアラーの存在率が高くなっています。

高校生ケアラーに、いつからやっているのと聞くと、7割の子は中学生の頃から、4割は小学生の頃からやっています。教育の機会の格差というか、そういうものも存在率に反映しているのではないかなと思っています。毎日ケアをしている子、1日4時間やっている子とか、支援がなければ本当はとてもやっていけない子どもたちもいます。

中学生のときからケアしていた若者は次のように語っています。「おばあちゃん、お母さん、自分で暮らしていて、おばあちゃんの介護をしていた。ぼくは引き換えに友だち、学業、仕事、時間を失った。本当は理解してくれる人がほしくて、誰か助けてと言いたかった。まわりからは、おばあちゃんは孫に介護してもらって幸せだったねと言われたけれども、僕が本当にほしかったのは、僕と祖母の幸せが両立できる生活だった」。

彼に、どういう手助けや支援があればよかったかと聞いたところ、正直に言うと、代わってもらえるなら代わってほしかった。0か100かではないと思うんですが、かかわってほしかったと。介護保険は同居家族がいるかいないかで使えるサービスが異なっている。働いていても、同居家族が子どもであっても家事援助の範囲は制限される。それはある意味、不平等ではないかと思う。10代で介護、家事をする私を支えてくれるサービスはなかった。おばあちゃんのところに来るケアマネさんとかヘルパーさんは、話は聞いてくれたりするけれども、自分の学校のこととか、自分のこれから先の人生のことについて支援はなかったと言っています。彼は精神的にも疲れ、体を壊して高校をやめてしまいました。高校中退です。

これは一例ですが、今は誰もが介護する・される時代なので、比較的元気な中高年主婦がケアラーであるというイメージからの転換が必要です。

■「比較的元気な中高年主婦」というケアラーイメージの転換が必要

高齢者人口、特に介護の必要な75歳以上人口が増えていますし、認知症の人も高齢者になればなるほど出現率が増えてきます。また、人口の7・6%ぐらいが障がいを持っています。このように手助けが必要な人は増える一方、一つひとつの世帯はとても規模が小さくなっていますので、選択肢はなく、そこにいる人がケアをすることになります。友だちとか近所の人とか、そういう人も含めてケアをする時代になります。

さまざまな年齢のケアラーがさまざまな年齢の人を介護しています。例えば40歳未満の3分の1弱は10歳未満の子どもをケアしています。でも、80代、90代の人もケアをしているので孫世代としてケアをしているのかなと思います。

80歳以上の人が介護をしているという老老介護が多いのですが、40代とか50代とか障がいを持っている子どもをずっと介護している老障介護という実態もあるので、ケアラーは本当に多様だという捉え方が必要です。

ケアラーの実態を見ると、拘束時間が長いなど時間的に非常に制約を受けています。あるいは心身の健康を壊したり、毎年10万人は離職をしています。失業者登録もできなくて仕事をもっていない人ミッシングワーカーが40代、50代で100万人いるそうです。そういう中で社会的に孤立していくとなかなか復帰が難しくなります。

要介護者に対して憎しみを感じたり、虐待をする人も増えています。1カ月に4件弱は介護殺人や心中という事件が起きていて、人生の見通しが持てないというか、悲観するというか、あきらめるとか、そういう実態にもあります。

日本ケアラー連盟は、3月にコロナ禍の下にあるケアラーのウェブ調査をしました。特にケアラー自身が感染して隔離されたり、濃厚接触者になった場合に、誰がいま見ている要介護者を見てくれるのか、ケアが継続できるのかに着目すると、決まっていますという人はわずか9%、10人に1人弱しかいなかったということが明らかになりました。

2011年にあるNPO法人が実施したアンケート調査において、ケアラーにどういう支援がほしいかと聞くと、特に自分が倒れたときの緊急時のサービスがほしい。ケアラーについて、もっと周りが理解してほしい。仕事と介護の両立支援策、経済的な支援をしてほしいという項目が上位に挙がりました。

ケアラー自身を直接に助ける、例えばよく眠れるようにケアから一時的に解放される小休止（respite）できるような場所やあつまり等は、10年前の調査なので、ほしいという選択は少ないかなと思います。でも、聞かれれば、絶対ほしいとか、ややほしいというのはかなりあるということです。

■ケアラーの実情を理解する

日本では、介護は家族がするものという考え方がまだまだ浸透していると思います。ケアラー自身も介護は家族がするものと思い込んでいる方が多いと思います。

客観的に見ると、もうフラフラになっていたりするけれども、本人がそれに気づいていません。また、初めてのことが多いので、困り事が整理できなくて、誰に何を相談していいか分からない場合も多いです。高齢者介護でも、講演会で地域包括支援センターを知っていますかといっても、知らない方はまだたくさんいらっしゃいます。それから、ケアラーの特徴として、今後の暮らしや人生に見通しが持てないということがあります。

こういうものを踏まえて支援をするんですが、ケアラーはどういう人たちかという定義がちゃんとないので、支援はなかなか難しいです。

25年前にイギリスで研究者が考えたケアラー支援の4つのモデルというのがあります。サービス事業者から見たケアラー支援のモデルを整理したものです。

1番目の介護資源としてのケアラーというのは、まさに家族そのものです。家族が介護をすればいいということなので、サービス事業者は、家族がいるのが当たり前、家族がやるのが当たり前であり、要介護者にとってもサービス機関にとっても、家族は無料の資源ということになります。もしも要介護者とケアラーの利害が衝突したら、たとえば、夜中に何べんも起こされる、私は起きたくないというとき、どちらが優先されるかというと、要介護者が優先されるという段階です。

2番目は協働者としてのケアラーです。中心は要介護者ですが、よい介護をするためにケアラーもちょっと気にかけてもらえるという段階かなと思います。介護保険を使いますと、家族の誰かがキーパーソンになります。要介護者と事業者との間に立ったり、行政との間に立ったり、何か要介護者に問題があると、仕事してようが何してようが、キーパーソンに電話がかかってきます。また自己流のケアをしていても今までは言われなかったのに、専門職が入ってくると、ちゃんとやってくださいみたいな、いろいろ厳しい面もでてきます。

そういう中で、協働者としての役割を果たさざるを得ないということになり、要介護者によい介護をするために疲れないようにデイとかショートが考えられています。けれども、基本的には要介護者のためのよりよいケアをするケアラーということが目標になっています。

ケアラーを援助の対象として見てくれるというのがモ

デル3です。ケアラーであるあなたも助けてもらっていいんですよという段階になります。これはケアラー自身の状況をよくして、その人の生きていく意欲とか、それを高めるということが目標になってきます。

ここでちょっと問題が起こるのは、ケアラーが疲れを取ろうとか、自分の趣味のために出かけるとか、ケアラーの生活の状況をよくしようと思って要介護者にショートに入ってもらったときに、サービスの質があまりよくないときがあります。ちょっと怪我をしたとか、状態が落ちたとか、もう行きたくないと要介護者が言うと、ケアラーが罪悪感を持ってしまい、無理を重ねるということも起こります。第3段階では要介護者のニーズに沿ったサービスが提供されるということもポイントになり、そこを両立しないと、第3段階には、なかなか進まないかもしれません。

第3段階が成り立つためにも第4段階が本当は必要だと思います。これはケアラーの規定を超えた定義ということで、要介護者もケアラーも個人、人としての生活の質や人生を追求できる段階です。ケアラーも、家族ではあるけれども、同時に仕事をしていたり、いろいろな側面を持っている一人の人間として自分の生活や人生を追求できます。両者が生活の質や自分の人生を追求していい、ケアラーも追い詰められないために自分を取り戻す時間があってもいいし、好きなことができていいという、そういう基本理念を踏まえないと、3番の実現はなかなか難しいかなということになります。

日本は2番の段階でしょうか。

介護保険が始まったので所得制限がなくなり、低所得者以外の人も要介護者は全員、制度の対象になって、そのことによって介護している人にも光が少し当たったかなと思います。ただ、まだケアラーは陰の存在というところが大きいかなと思います。

ケアラー連盟は、介護をしていても普通の生活ができる、無理なく介護ができる、そういう社会をつくろうということを目指してきています。ヒントとしては、イギリスとかオーストラリアとかいろいろありますが、要介護者のケアプランだけではなくて、ケアラーのライフプランというものも立てることが必要であると考えています。

イギリスの2014年ケア法では、介護される人・する人にかかわる改革がされ、同じく2014年の子どもと家族に関する法律ではヤングケアラーのアセスメントとサービスの権利が強化されました。

デンマークのケアラー憲章では、どこの国も同じなんですけれども、ケアラーがよい生活を送る、大事にされる10の条件を示しています。たとえば、行政や専門職に気にかけてもらっているとか、ケアラーの貢献が評価されて尊重されているとか、誰かに代わってもらう手だてがあるとかなどです。

■ケアラーを支援する市民・中間支援団体・行政の活動

私が活動しているNPO支援のNPOであるさいたまNPOセンターと日本ケアラー連盟の活動をお話しします。さいたまNPOセンターはNPO支援のNPOで、介護にかかわるケアラー支援の事業は、市民自治・地域開発事業という領域に位置づけられています。市民がさまざまな問題を感じてそれを自発的に解決していこうという取り組みを支援するのが市民自治・地域開発事業で、ここにケアラー支援は入っています。日本ケアラー連盟は個別に誰かの相談を受けるとかいうのではなくて、調査研究、政策立案・提言、啓発・情報提供の活動をしており、ケアラー支援法・ケアラー支援条例の制定を求めて活動しています。

さいたまNPOセンターは埼玉県内が活動領域で、介護保険が始まるときには、制度をよく知って自分たちでお互いに助け合おうという介護保険のサポーター研修を県の委託で1000人規模で行い、翌年、60ぐらいの団体を立ち上げて、その人たちが地域で同じ地域の仲間を支援するというやり方をとっています。つまり、地域の問題や生活を豊かにする課題に自分たちが気づいて解決する、あるいは支え合う人たちを、言葉はきついですが、組織化して、自立して活動していってもらうということです。

2009年はさいたま市と一緒に協働事業として、「支える人を支える研修」を行い、2010年から14年は埼玉県と一緒に「支える人を支えるセミナー」を実施しました。現在、県内に35団体が立ち上がって、41カ所でケアラーの味方の場所であり居場所である、介護者サロン・カフェを運営しています。埼玉県ケアラー支援条例づくりにあたっては、勉強会をしてパブコメをしたり、県議会の傍聴をしました。条例ができたときに、みんなで条例制定歓迎のボードを持って、「よかったね」とその誕生を祝しました。

さいたまＮＰＯセンターは、県を通じて国の補助金を得てケアラー支援の理解者の養成研修をしたり、市と市民団体の共同事業で、ケアする人のケアの研修をやっています。つまり、公のお金というか、税金を財源として共同事業をし、「共」を創ってきました。

日本ケアラー連盟ですが、調査研究事業は２０１０、11、12年と厚労省の補助金を使って全国大規模調査をし、実証的な根拠を持って、その後、支援ツールの開発などの活動をしています。今はキリン福祉財団とか連合・愛のカンパとか、民間組織の助成金を得て活動しています。

市民参加型の活動は必ずいつもうまくいくばかりではないのですが、２０１０年の調査も地域の人と一緒に調査活動をして、調査活動の中で得られた結果とか経験を、その後、自分たちの地域をよくしていく活動に生かしてもらうという市民参加型の調査をしました。研修も、それで終わらせるのではなく、市民参加の組織づくり、それをまた支援するというやり方をとりました。さいたまＮＰＯセンターが培ったやり方を連盟でも少し使っています。連盟が行う補助事業を、さいたまＮＰＯセンターが地元でモデル的に展開するという関係でもあります。

ケアを必要な人には、制度の支えが少しずつできてきています。ケアをする人は、ケアをすることがまず求められて、仕事とか学業とか社会参加とかつき合いとかがガラガラと崩れていきます。ケアで精いっぱいで自分の人生とか社会生活が崩れていっちゃう。今はそれをさせないようにする法制度がないので、連盟では、ケアラーが自分の人生を生きられるためには条例や法律が不可欠ですという主張をしています。

ではどのような施策が必要なのかということについては、国は何をすべきなのか、都道府県は何をすべきか、市町村は何をすべきかという「政策提言パンフレット」

をつくりました。都道府県のところを見ていただき、埼玉県の自民党議員団は条例を提案してくれたと思っています。市町村としては、市町村の条例とか、計画を策定するとか、具体的にはケアラーアセスメントをするとか、居場所をつくるとか、拠点をつくるとか、人材養成とか、また既存の制度を使うとか、してほしいと提案しています。国と都道府県と市町村は役割が違うだろうということも提案しています。

地方議会や国会のロビー活動もしていまして、厚労大臣や経産大臣には新型コロナウイルス感染に係る要望をしました。

■埼玉県のケアラー支援条例と制定にいたった4つの要因

ケアラー支援がないと社会経済的リスクが高くなって、個人が困るだけじゃなくて社会も困ります。介護費用の増大、生活保護費の増大、労働力不足、担税者の減少、少子化や社会不安の進展、次世代が育てられない、進学や望む仕事につけない子どもが増える、将来に不安を抱えた子どもや若者が増えることにつながるということを特にロビー活動では訴えているところです。

埼玉県のケアラー支援条例は、今年3月27日に全会一致で可決・制定しました。自民党議員団の議員提案条例です。条例は目的、定義、基本理念、県の責務、県民の役割、事業者の役割、関係機関の役割、ヤングケアラーとかかわる教育に関する業務を行う関係機関の役割、推進計画を立てる、広報及び啓発、人材、民間支援団体の支援、推進体制や財政上のこと、14条からなっています。ケアラーとヤングケアラーを社会的支援の対象にしたわけですが、埼玉県ではこれがルールになるわけです。

ケアラー一人ひとりが健康で文化的な生活を営むことができるような社会づくりを目的とし、ケアラーを非常に幅広く捉えて支援の入口のハードルを低くしています。社会全体で取り組むようにと、推進計画が絵に描いた餅にならないように推進計画の策定を定めており、有識者会議が始まって、来年2月の定例議会には計画を公表することになっています。

ケアラーという言葉自体知られていない中で、なぜ条例ができたのかということですが、1つは、手前みそかもしれませんが、ケアラー連盟が２０１０年から調査研究を行い、ケアラーの存在を明らかにし、ケアラーを支援する必要があるという活動してきたということがあると思います。２０１０年に比べると、ケアラー支援、ヤングケアラー支援に関するマスコミへの露出はとても高くなっています。連盟では政策提言プロジェクトとヤングケアラープロジェクトの２つつくって活動しています。

２つは、さいたまＮＰＯセンターの活動も挙げられます。センターは、それこそ新しい公共に希望を持って活動をはじめました。前身を入れると１９９７年から行政との協働などいろいろな活動をやってきましたけれども、かなりたたかれたり、挫折をしながらも20年間でいくつかの活動は地についていると思います。地元の活動があってこそ、全国レベルの活動や議会・行政と結びついているかなと思います。

３つは、自民党埼玉県議団の決断と取り組みです。埼玉県議93名のうち50人が自民党会派です。実は自民党ケアラー議員連盟の事務局長が元埼玉県議なんですが、彼が地元に声をかけました。埼玉県の自民党県議団は議員提案条例をつくっている経験があり、とても勉強しています。ケアラー支援に関しても海外視察に行ったり、地域の団体の話を聞いたりしながらつくっていきました。県議団がパブリックコメントをするんですね。私たちも、パブコメをし、また意見交換の中で取り入れていただいたこともあります。

４つは、埼玉県地域包括ケア課の取り組みです。２０００年の介護保険サポーター研修も、私たちさいたまＮＰＯセンターと行政が一緒に実施しました。２０１１年からの介護者サロンの養成講座の県内の団体立ち上げも県の地域包括ケア課が国の補助金につないでくれました。３年たってからは、担当課が専門家研修実施という知恵を出してくれて、地域包括支援センター職員研修が２０１７年から２０２０年に実施できています。どこかが本気になって協力すれば条例はできるかなと思います。

■ケアラー支援の推進状況

次に推進状況です。推進計画策定に向けて、実態調査をしています。県の条例なので、ヤングケアラーについては県立高校、市立、私立全部入れて、高校2年生の5万5000人調査をやっています。これも日本で初めてです。ケアラー実態調査は地域包括支援センターや障害児者相談事業所、障がい者の団体を通じて実施しています。課題とすると、市区町村はどうするのか。最前線は市区町村ですので、どれだけ取り組んでもらえるかなということと、法制化の問題があります。

北海道栗山町がケアラー支援条例制定に取り組んだり、岩手県花巻市はアウトリーチとして在宅介護者等訪問事業を実施し、介護保険を使っていない人、認定を受けて居宅サービスを利用していない方の在宅介護者を対象に、介護や生活上の悩みや不安の解消を目的に訪問相談員を配置し家庭訪問を実施しています。さいたま市は事業者調査で介護力が足りているかどうかの調査をしたり、杉並区は「ほっと一息、介護者ヘルプ」という介護者のためにヘルパーを派遣したり、国会でも、予算委員会等で厚生労働省から答弁をいろいろ引き出して、厚労省は要保護児童対策協議会（要対協）調査をして、ヤングケアラーの早期発見に向けてアセスメント用紙の開発をしています。文科省は、答弁はしたけれど、もっと頑張ってもらいたいと思います。

2018年に厚労省は市町村と地域包括支援センターによる家族介護者支援マニュアルをつくりました。副題が「介護者本人の人生の支援」と、すごくふるっていて、つまり、よい介護をするためではないんです。ケアラー支援は、ケアラーがよい状況にあればよい介護ができるし、要介護者によいサービスがあればケアラーも気持ちよく介護ができるので、両方にとってWin Winの関係をどうつくるかだと思います。

それから、自治体や議会も動き始めていまして、介護保険事業計画や地域福祉計画の中にケアラー支援、ヤングケアラー支援を入れているところもあれば、専門職研修をしたり、社会福祉協議会や民生委員研修をしていたり、市議会も、100以上の質疑があります。今後も、よい取り組みの例を集めて普及したいと思っています。

■「私」を支える「共」のしくみと「公」の役割

まとめですが、「私」を支える「共」の仕組みと「公」の役割について。たかだか20年の経験ですがまとめてみます。

介護をしている家族はばらばらに存在しています。その人たちが問題を持っている場合は、それを認めて手助けをするということが必要です。まず気がつくのは、出会う可能性のある周りの人だと思います。介護している人たちはからだの健康、こころの健康を壊したり、ご飯をちゃんと食べられていないとか、気にかけてもらえない、社会的孤立、人生を悲観したり、いろいろ問題を抱えています。そこで、点として、助けてあげたい、何か役に立ちたいという人たちを浮かび上がらせる、研修のような仕掛けをつくって、次に組織をつくって継続して活動ができるようにするというのは中間支援団体の役割かなと思っています。

連盟では、個人がかかえる問題を社会問題化して、家族の問題からケアラーという言葉で社会的課題にしました。個人的支援でちょっとしたお手伝いは近隣とかお友達からと思いますが、それプラス社会的環境整備ができなければ、支援はとても続かないと思います。

例えば補助金や助成金を使って、ケアラーの存在を社会に示して理解者を増やしていったり、調査をして根拠となるデータをまとめてきたり、どういう支援ができるかというツールの作成やモデル実習をしたり、支え手の養成、支え手が活動を継続できる条件づくり、団体の立ち上げ支援や自立的運営ができるようにサポートしてきました。しかしながら、議会や行政に働きかけるのもテクニックとか専門知識が要るので、市民団体としてはアドバイスがもらいたいです。

アドボカシーのアドバイザーを私たちもお願いしています。こうした一連の流れの中で、例えばケアラーを支援する、あるいはケアが社会の新しい価値であって、それをルール化していく必要があるという認識が広まり、社会的環境整備ができてくるのではないかと思っているところです。

主体の熱意とか協力・協働のプロセスが継続していく

と、身近な助け合いから組織的、つまり「共」が芽生えていくと思います。私は、社会保険を「共」と位置づけられるとエッと思うのですが、「共」は自発的なもので、制度化された社会保険は「公」ではないかと思っています。

身近な助け合いと、その助け合いを組織化して持続的にして、それが行政との協働でできたり、税金を使ってそういうことができてきて、社会的な課題になっていったならば、議会や行政も取り上げてくれる。そこまで行ったら一段階、ワンサイクルで、次にまた絶対問題は起こるし、それを解決するにはどうするかということで身近な人たちやそれぞれの地域の団体が活躍せざるを得なくなり、多分するでしょうから、次の段階というか、次の循環に入っていく。そのように継続していくと、公共私というのはつながっていくんじゃないかということをひたすら考えてやっているところです。

ご清聴、ありがとうございました。（拍手）

報告❷

まちぐるみの支え合い
～武蔵野市の地域包括ケアの取り組み～

森安東光

〔(公財) 武蔵野市福祉公社理事〕

■はじめに　武蔵野市の概要

武蔵野市福祉公社の森安と申します。今年の3月に定年退職をしたのですが、それまで武蔵野市の健康福祉部長をしておりましたので、「武蔵野市の地域包括ケアの取り組み　まちぐるみの支え合い」について報告させていただこうと思います。

まず武蔵野市の位置は、東京都のほぼ中央にあって、23区のすぐ西隣に位置しています。次に、武蔵野市の概要です。１９４７年11月３日が市制施行ですので、今年で市制施行73周年になります。財政力指数は１・52で、安定的な財政を維持しておりますが、昨今の新型コロナウイルス対策で財政調整基金の取り崩しもしておりますので、決して安穏としていられる状況ではないかなと思っています。

武蔵野市の土地特性は、東西にＪＲ中央線が走っていまして、ＪＲの駅が３つあって、周りを他市区が囲んでいます。東西６・４㎞、南北３・１㎞という大変狭い、コンパクトな面積10・98㎢は、全国に７９２ほど市がありますが、その下から11番目ですので、極めて小さなまちです。そこに14万７０００人の方が住んでいらっしゃるわけですから、人口密度は全国で第２位です。比較的緑も多く、街並みも整然と区画されておりますので、超過密都市というイメージはないのではないかと自負をしております。

都市の形成は、江戸時代、17世紀の半ばに農村集落が形成されて、明治、大正、昭和、平成と、鉄道開通を大きな契機としてまちづくりが進み、戦後は大都市近郊の住宅都市として成熟してきているところです。

人口特性は、御多分に漏れず、少子高齢化が進んでおりまして、高齢化率は22・２％、とりわけ75歳以上の後期高齢者が高齢者全体の半分以上を占めておりますので、これから要介護リスクの出現率が高まってくるのではないかと危惧しています。

合計特殊出生率が１・15と極めて低く、１世帯当たりの人口が極めて少ないんですね。直近のデータですと、２０００年から20年間で人口が１万７０００人ほど増えているんですが、世帯も同じように１万４０００世帯も増えていまして、１世帯当たり１・89人しかいらっしゃらない。全世帯の半分は一人暮らしの世帯だということですし、さらに高齢者の４人に１人が一人暮らしとなっています。

■介護保険は高齢者の暮らしのごく一部しか担えない

２０００年３月、介護保険が始まる直前に介護保険条例を制定しましたが、武蔵野市の地域包括ケアシステムは、同時に制定した高齢者福祉総合条例の施策体系を基礎としています。

その基本的な考え方は、介護保険は高齢者の暮らしのごくごく一部しか担うことができない、ということです。高齢者の暮らしの中には、住まいや雇用や保健や医療、介護予防、生涯学習、生きがい活動だったり、あるいは交通体系が武蔵野市の地域包括ケアの特徴ですが、全国で最初に運行を始めました「ムーバス」というコミュニティバスであったり、後ほど御紹介をいたします「レモンキャブ」という移送サービスもあります。高齢者の皆さんの外出を支援することによって社会参加、交流を進めていただいて、介護予防に役立てていただくというものです。これらの施策を一体的に総合的に展開していくことによって、高齢者の生活を支えていこう。その中のごく一部が介護保険なんだという考え方に立っています。

したがいまして、今日は介護保険ではない部分を中心にお話をすることになろうかと思いますが、よろしくお願いいたします。

■介護保険がテンミリオンハウス事業創設のきっかけ

地域包括ケアシステムという言葉は、既に使われ始めて何年もたっておりますので、皆さんの御理解もだいぶ

武蔵野市の地域包括ケアシステム

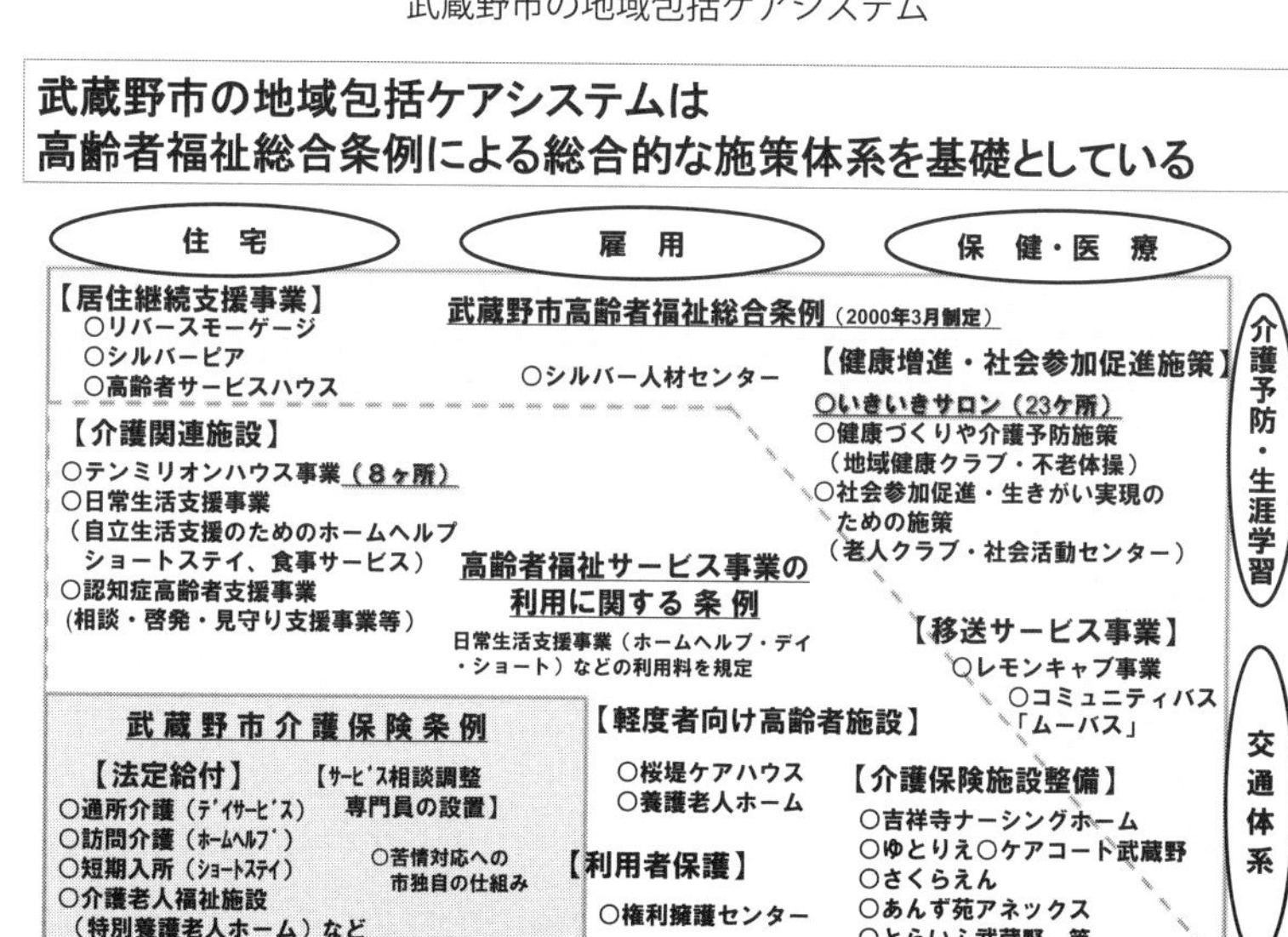

進んできましたが、決して分かりやすい言葉ではないだろうと思っています。そのため武蔵野市では、地域を「まち」、包括を「ぐるみの」、ケアシステムを「支え合いの仕組みづくり」と読みかえることによって、市民の皆さんや福祉サービスを提供してくれている事業者の皆さん、そして私たち行政も一体となって支え合いのまちづくりを進めていこうということを、全体の規範的統合といいますか、スローガンとして進めてきているところです。

先ほど申し上げましたように、今でさえ後期高齢者が多い武蔵野市ですので、２０２５年に向けて要介護リスクが高まってくるだろうと思います。それに向けて武蔵野市が目指す高齢者の姿とまちづくりです。武蔵野市では、「いつまでもいきいきと健康に」「ひとり暮らしでも」「認知症になっても」「中・重度の要介護状態になっても」「誰もが住み慣れた武蔵野市で生活を継続できる」、それを支えるための「自立支援・重度化防止へ向けた医療と介護の連携」と「高齢者を支える人材の確保・育成」、これらを一体的に進めていこうと、職員も常にそのことを念頭に置きながら取り組みを進めています。

「いつまでもいきいきと健康に」の中で、武蔵野市の特徴であります市民の互助、共助による支え合いの様々な事業がありますので、その中からいくつかを御紹介させていただこうと思います。

まず、武蔵野市の高齢者福祉の看板施策でありますテンミリオンハウス事業です。地域の実情に応じた市民の互助、共助の取り組みに対して、年間１０００万円を上限とした運営費を補助するなどの支援をしています。テンミリオンは１０００万円ですので、１００万円のミリオンが10個だからテンミリオンという極めてストレートなネーミングです。地域で見守りや支援が必要な方々を支えるミニデイサービスや、中には緊急ショートステイも実施している施設があります。

テンミリオンハウスを始めるきっかけになったのが介護保険制度の開始だったわけです。２０００年から介護保険制度が始まりましたが、その直前に要介護認定のモデル調査が行われました。その際に、それまで措置で市のデイサービスを御利用なさっていた方々のうち、モデル調査をやってみたら、３割の方が要介護認定から外れてしまうという事態が発生しました。この方々をどうすればいいんだと。介護保険が始まる4月1日から、「あなたは来ちゃだめです。来られませんよ」という話にするわけにはいきません。そこで、その方々の受け皿をつくろうということで、テンミリオンハウスの創設が検討されることとなりました。

■テンミリオンハウス事業を支える資源・財源

市には、市民の方から寄附をいただいた建物であったり、行政としても使っていない施設がありました。それを活用して市民の力で支え合いの場を創設しようと。高齢者はサービスを受ける受け手の側だけではなくて、支える側にも回っていただくことを考えました。運営は地域の市民団体、全く任意の団体もあれば、ＮＰＯ法人もありますが、市は年間１０００万円を上限に補助をしております。

現在、８つのテンミリオンハウスが運営していますので、年間８０００万円から1億円ぐらいのお金がかかっています。当然公費を投入するわけですから、いくつか運営上の約束事があります。ここで常に気にかけていることは、あまり細かいことを行政が言わないということです。市民の皆さんに、場を提供して、補助金を出して運営をしていただいているので、市民の皆さんの自発性、柔軟性、そのことが担保できるように、極力私たち行政からは細かなことは言わないで、皆さんの自発的な、様々なプログラムや運営の仕方にゆだねているところです。

眠っている資源を有効活用して、そこに通って来られる利用者の方にはいつまでもいきいきと、運営者には生きがいややりがいが得られる一石三鳥の事業になっているのではないかと自己評価をしております。なかには利用者として来ていらっしゃる高齢者の方が、昔から続けている特技を活かして、プログラムの講師を担っていただいたりもしています。

ただし、このお金をどうやって捻出するのかということです。介護保険が始まる前の段階では、高齢者福祉の財源はすべて公費でした。国が半分持って、残りの半分を都道府県と市区町村が持つということですので、武蔵野市は25％負担をしていたわけです。これが、介護保険が始まったことによって、半分は保険料が入ることになりました。つまり、始まった当初、市が負担をするのは25％から12・5％に減ったわけなんですね。半分の余剰が発生した。この半分の余剰をほかの分野の事業に使うのではなくて、せっかく高齢者福祉を進める中で、介護保険が始まることによってこの余剰が生まれたわけですから、今後も介護保険以外の武蔵野市の独自に進めてきた高齢者福祉の様々な施策の財源としていこう。それを20年前の先輩たちが考えだしてくれて、そのことをずっと続けておりますので、いまだに介護保険以外の市の独自のサービスの財源を維持することができているということです。

■高齢者施設というよりも、身近に通える近所のおうち

テンミリオンハウスの典型的な一日です。テンミリオンハウスにお越しいただく利用者の要件は、要介護認定を持っている方もいらっしゃるんですが、原則は自力通所ができる方ということになっています。送迎をしておりませんので、自力で通所ができるぐらいの方々に御参加をいただいています。朝の10時頃に開所すると、三々五々利用者がやってきて、午前のプログラムに参加して、お昼ご飯を召し上がって、午後のプログラムに参加して帰られる、という流れです。

お昼ご飯もスタッフの皆さんの手づくりで、金額も400円から600円と様々なんですが、この金額も行政から「こういう金額にしてください」ということを申し上げるわけではなくて、それぞれの運営団体の皆さんに自主的に決めていただいています。

プログラムの一例です。ヨガや太極拳のような体操系のプログラムから、書道や編み物、水墨画のような趣味系といいますか、そういったプログラム。中には認知症予防ゲームなんかもあります。男性の参加者は少なかったんですが、囲碁や将棋を始めたことによって、男性利用者も増えてきています。

テンミリオンハウス事業は、1999年、介護保険が始まる半年前に第1号館が開設され、現在まで20年間で8カ所が運営されています。武蔵野市の地図の中に8つのテンミリオンハウスをプロットし、テンミリオンハウ

スを中心に半径５００ｍの円を描きますと、まだ円が重なっていないところがあります。こういった空白地域を中心にしながら、これから、さらに充実していきたいと思っています。

武蔵野市には13の町があるんですね。市内に13の町がありまして、その一つひとつに地域社協の組織がありますので、地域社協の組織に1個ずつぐらい、合計13カ所、残り5カ所ぐらいですけども、それのぐらいは整備をしていきたいなと思っています。

「川路さんち」は、私ども武蔵野市福祉公社のサービスを利用されていた川路さん御夫妻がお亡くなりになった後で、その御自宅を市に寄附していただいたわけです。その御自宅を改修して第1号館として開設しました。お庭があって、平屋の一戸建てで、高齢者施設というよりも、身近に通える近所のおうちというイメージを持っていただけるのではないかなと思います。

テンミリオンハウスを支える関係機関ですが、真ん中に運営団体があります。それを事務局として行政が支えています。土地や建物は市が用意して無償で提供しているわけですが、市の持っているものだけではなくて、借り上げているものもあります。そのまま放置しておくと空き家になってしまって、管理されない状況になってしまうようなものを借り上げることによって、空き家対策にもなっているのかなと思っています。

運営団体が「来年度の事業はこのようにやりたいです」という計画をつくって、学識経験者や民生委員などによる事業採択・評価委員会で評価をして、「よろしいんじゃないですか」ということになったところで、１０００万円の補助をするというスキームです。日常的な運営の支援や起業の支援は市民社会福祉協議会（社協）にお願いしています。

■地域の有償ボランティアが運行する「レモンキャブ」事業

次は、武蔵野市のもう1つの看板施策の「レモンキャブ」事業です。レモン色の福祉車両を運行していただいているので、レモンキャブ。バスやタクシーなどの公共交通機関の利用が困難になられた高齢者や障がいがお

テンミリオンハウスを支える関係機関（図解）

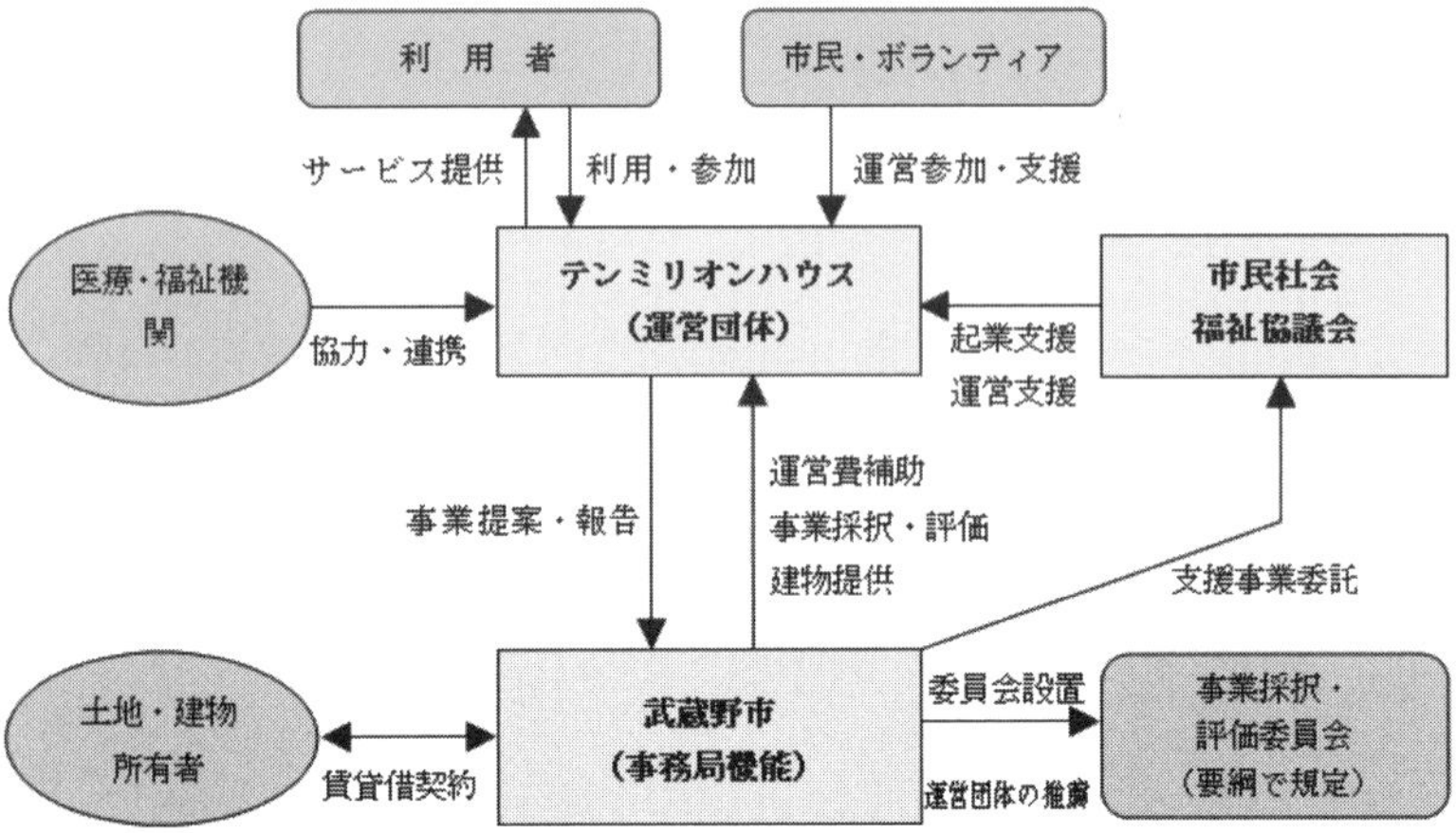

利　用　者
市民・ボランティア
サービス提供
利用・参加
運営参加・支援
医療・福祉機関
協力・連携
テンミリオンハウス
（運営団体）
起業支援
運営支援
市民社会
福祉協議会
事業提案・報告
運営費補助
事業採択・評価
建物提供
支援事業委託
土地・建物
所有者
賃貸借契約
武蔵野市
（事務局機能）
委員会設置
運営団体の推薦
事業採択・
評価委員会
（要綱で規定）

ありの方々でも、社会参加する、まちに出ていただいて交流をしていただくことによって、自立が維持できたり、介護予防になります。その社会参加を支えるための移送サービスで、お米屋さんとか酒屋さんが多いんですが、そういった商店主を中心にした地域の有償ボランティアの方々に運行していただいています。現在、9台の黄色い車が武蔵野市内を走り回っておりまして、年間1万9000件ぐらいの運行があります。1回30分まで800円の負担をしていただき、御利用いただいているところです。

■より気軽に、より身近で介護予防。いきいきサロン事業

だんだんお年を召されてくるとテンミリオンハウスまで歩いていくのもしんどいという方ですとか、また、テンミリオンハウスは、週5日から週6日の開設をしていただいているので、最初、立ち上げるのに負担が大きいなということもあります。より気軽で身近で自主的に介護予防ができて、高齢者自身も活動の担い手となれるように、「いきいきサロン事業」という、もう少しこぢんま

りとした事業も２０１６年から開始しました。

千葉大の近藤克則先生の調査によりますと、同居者以外の他者との交流が週1回以上の方は月1回未満の方よりも認知症の発現が3割程度少ないという研究成果があります。これに基づいて、いきいきサロンは週1回以上は確実にやってくださいと、５名以上の高齢者の方に集まってくださいということをお願いしています。

目的は、社会的孤立の解消、心身の健康維持、介護予防、住み慣れた地域での在宅生活の継続です。

補助対象の要件は、まずは、体操は必ずやってください。週1回以上、２時間以上実施をしてください。年間、おおむね52週あるうちの40回、８割方は開催してくださいということにしています。５名以上の方に集まっていただいて、会員登録をしていただくんですが、無断欠席をされたら、その方のお宅へ電話連絡をしていただくことにしています。そうすると、週1回ではありますけれども、市民の方が市民の方への安否確認ができるというスキームにしています。プログラムについては、体を動かす運動は必ずやってくださいということで、それ以外には脳トレや趣味の活動なども入れていただいています。

補助の種類と金額は、第一にスタートアップとして、ハード整備のバリアフリーにするための補助、第二がパソコンを購入していただく等、ソフト整備のための補助、そして第三に運営費として1回当たり４０００円をお支払いしています。さらに子どもの世代や子育て中の世代の方々に来ていただいて交流する多世代交流、障がい者の方との交流を行う共生社会推進プログラムもつくっておりまして、そういったことを実施していただければ、さらに加算をつけるようにしております。

具体的な例ですが、エレベーターのない3階建ての都営住宅での高齢化が課題となってきて、有志の皆さんで「これは何としなきゃいかんな」という話になり、いきいきサロンをつくっていただきました。柔道整復師会の先生に体操を教えていただいています。あとは理学療法士（ＰＴ）、作業療法士（ＯＴ）、言語聴覚士（ＳＴ）の「ＰＴＯＴＳＴ協議会」の講師によるプログラムも実施しているところです。

それから、65歳以上のお元気な方々については「シニア支え合いポイント制度」というものも行って、社会貢献活動のインセンティブとしております。

■高齢者を支える人材の確保・育成

現在、全国の保険者、市町村でもって第8期介護保険事業計画の策定をしている真っ最中です。どんなにすばらしい計画をつくっても、それを実行できる、支えていく人材が確保されていなければ絵に描いた餅になってしまいます。人材の確保ということも大変大きな課題だと考えています。

そこで、２０１８年12月に地域包括ケア人材育成センターを設置しました。人材の発掘・養成をするための「活かす」、スキルアップや就業継続を支援する「育てる」、就業の支援をする「つなぐ」、人材の確保に向けた事業所の支援をする「支える」という4つの機能を持って、今も積極的な取り組みを進めてくれています。ただ、コロナ禍ですので、人が集まって対面での講義等が困難になっています。そのためオンラインでの研修など、創意工夫しながら実施しています。

それから、これも武蔵野市独自の取り組みです。２０１５年からケアリンピック武蔵野という事業を始めました。私どもいち保険者が、介護職等の報酬を引き上げることはできませんが、せめてモチベーションだけは高く保っていただきたいという思いもありまして、先進的な取り組みの事例紹介をしたり、市長が長年にわたって武蔵野市民を支えてくださった介護、看護の職員の皆さんに対して感謝状をお渡しする永年従事者表彰をやったり、介護、看護の専門職だけではなく、先ほどのテンミリオンハウスの運営をされている市民の方にも参加をしていただいて、まさにまちぐるみの支え合いを体現するイベントとなっています。

まちぐるみの支え合いの取り組みは、人が集って、気にかけあって、支え合うことによって維持ができるわけですが、これを全て困難にしてしまったのがコロナ禍なのだと思っています。そういった中でも運営をしていただいている市民の皆さんは、そこはしなやかに、時にしたたかに、自分たちでいろいろと考え、知恵を出し合って取り組みを進めていただいています。

さすがに外出を自粛している期間は実施しておりませんでしたが、それが明けた後からは、テンミリオンハウスは午前、午後の2部制で密にならないようにしたり、いきいきサロンについては参加者をさらに細かくグループに分けて、1日2回実施をしたり、週2回開催したりと工夫していただいています。

レモンキャブについては、ふだんであれば、コロナでなければ、お買い物に出かけたり、様々な用途で御利用いただけているんですが、今は通院や通所等に限定した特例運行となっています。こういった形で市民の皆さんが知恵を出して、あるいは若干の危険性も、リスクも抱えながらでもやっていただいているということを、どうやって私たちが支えていくのか、行政が伴走しながら支えていくということがこれからもさらに問われてくるだろうと思っています。

そのような取り組みを、先ほど申し上げました20年前の先輩たちがつくってくれた財源をもとにしながら、市民と一緒につくってきたという互助・共助の歴史も大事にしながら、さらに進めていきたいなと思っているところです。

ご清聴、ありがとうございました。（拍手）

討論

司会　上林陽治

〔地方自治総合研究所〕

○上林　これからパネルディスカッションに入ります。

今ほど、お二人からの御報告を聞いて、どのように考えたらよいのか、午前中のセッションでお話しいただきましたお二方からコメントいただきたいと思います。

■家事援助サービスが切り詰められる中、ケアラーの負担は増えているのか。

○高端　私のほうから、率直な感想と、お聞きしたいことを少しお話ししたいと思います。

堀越先生のお取り組みで、ケアラーの支援というところで長年運動を展開してこられたことは存じておりましたが、堀越先生御自身からお話をお聞きすることができて、いろいろな気づきがありました。

特に、改めて痛感したのは、ケアラーという着眼点というか、切り口をとると、世代横断的なアプローチにも、高齢者とか、障がいとか、子どもとかの分野を横断したアプローチにもなるということです。今日、私たちには想像力が欠如するのか、それとも家族が縮小して、地域でも自分とは異なる背景、異なる世代など、異なる他者とのかかわりが弱まっているからなのか、それはともかくとして、私たちは視野が狭くなりがちです。

すると、高齢者をどう支えるかという話が自分事に感じられなかったり、障がいを持つ方々が非常に身近にいるし、自分自身もいま障がいを持っていないとしても、いつでも当事者になりうるということになかなか気づきにくかったりします。そんな中で、横断的に、あるいは普遍的に、そういう多様なニーズに対する理解なり共感、そして支援の必要性を共有することにつながるのがケアラーという切り口ではないかと考えたりして、すごく興味深かったです。

もう1つ、あえて介護保険の話に絡めて言うと、家事援助などが徐々に切り詰められてきている中で、本来、介護保険というのはその根本的な理念上、要介護者個人に着目して介護サービスの必要性を認定してニーズを満たす枠組みであったはずが、家族がいるからとか、そういうことでサービスがなかなか受けられなくて、それがケアラーの負担になっていくというところが今日のお話でも触れられた1つの大きな問題なのかと思います。

■高齢者福祉事業における武蔵野市の重点はなにか

○高端　森安さんの武蔵野市の話は大変分かりやすい

お話で、大変興味深く拝聴しました。介護保険導入の時期に、既に高齢者福祉総合条例で住宅とか交通体系なども含めた、地域づくりのような広がりを持った形で高齢者福祉を捉えておられたのが、すばらしい点だと思いました。

お聞きしたいと思ったのは、テンミリオンハウスについても、いきいきサロンについても、今日のお話をお聞きする限りでは、わりと全国で社協が進めている、いきいきサロンがやっていることとの違いがないような感じもしたのですが、その辺の独自性とか重きを置かれているることについて、もう少しお聞きできたらと思います。

■ケアラー、ヤングケアラーを支援する人たちは、誰なのか。

○大森　ケアラー、ヤングケアラーの話は、介護保険を制度設計したときの家族介護の問題と関係しています。介護保険も社会保険の一種です。保険上の事故が起こったときに現金かサービスを給付することになっていますから、現金給付もありなのです。初期の段階ではそれも議論しました。

しかし、現実には現金給付すると、家族が本当に本人のために使うかどうかという問題が出てくる。また、現金給付してしまうと、ずうっと家族が老親の面倒を見ることになりやすい。特に女性たちを家族介護に縛り続けることになりはしないかが問題になった。結局、制度の開始にあたっては、サービス給付にして、現金給付はやらなかった。その点で、現にケアしている家族の人たちへの手当はないということになります。

家族依存から脱却して、できるだけ介護保険サービスを使ってほしいという発想でした。介護で心身が疲労困憊すれば、やさしくなれず、介護放棄や虐待のケースが出てきてしまう、そのことが気になっていました。しかし、今日、先生がお話しになったように、ケアラー、ヤングケアラーを支援する仕組みをどうすればいいかというふうには思い至りませんでした、特にヤングケアラーの問題には、少なくとも私の念頭にはなかった。この点で新たな前進が見られ始めたことを知って、大変感服して聞いていました。

ケアラー、ヤングケアラーを支援するわけですから、ケアをやっている人たちを支援するということになりますので、ケアラー、ヤングケアラーのサポーターを育成するということになりますね。私が代表理事をしているNPOでは認知症サポーター育成事業をやっています。認知症への理解を進め、認知症の人とともに暮らす地域を目指して、小学生から高齢者まで、すその広く、全国的にサポーターを育て、今は、さらに、オレンジチームをつくってもらって、認知症の人を地域で支援する仕組みづくりを推進しています。現在、認知症サポーターの総数は全国で700万人を超えています。そちらのほうは頑張っていますけど、ケアラー、ヤングケアラーを支援するということにまで思いが至りませんでした。反省しつつ、大変重要なことをご指摘になったのではないかと思いました。

今は研修などの事業をおやりになっているのだそうですが、実際にケアラー、ヤングケアラーを支援する人たちはどういう人になるのでしょうか。それはどういう仕組みで支援が行われるでしょうか。東京の杉並区では実際にヘルパーさんを派遣していますので、それはある程度イメージがわきますけど、ケアラーの支援者というのはどういう人たちがなる話になるのか、これから育てていくことになると思うのですが、それはどういう仕組みでやっていくことになるのでしょうか。どこにそういう人たちがおられるのでしょうか。今は、ケアラーの育成ということでしょうが、地域では、いろいろな人たちが人材を欲しがっていますので、どういうふうになるのかなということが1つです。ついでに、ケアラー、ヤングケアラーを支援する人たちは何とお呼びになるのでしょうか。ケアラー・サポーターになるのかなと。呼称についてどんなアイデアをお持ちか、お聞きしたいなと思いました。

私は埼玉県に暮らしています。埼玉県の自民党議員団の実態はよくは知りませんが、自民党議員団がこれを議員立法で条例を制定したというのは画期的なんじゃないかと思うんです。議会も、執行機関任せではなく、自分たちで議案の企画・立案ができるのです。埼玉県議会のほかの会派はどういう態度を取っているのか。他の議員さんたちの動向などもちょっと伺っておきたいなと思っているのが2つ目です。

3つ目は、ケアラー、ヤングケアラーを支援する人たちの活動は、今日の議論の仕方で言えば、共助の仕組みになるのかどうかという点です。ケアラー、ヤングケアラーの支援者は互助じゃないかと思ったりしたものですから。互助で済むかどうか分かりませんけど。

かりに共助だとして、共助の新しい仕組みをつくり出すということになると、地域では、共助の主体と仕組みがますます多様になっていきますので、実際にこれを動かすときに少し工夫がいるのではないかと思います。1つのことを追求していくと、ほかの活動とかち合いますので、それをどんなふうに調整するのかなと。中間組織としてのNPOの人たちがやるのかなと。そんなことも今後のことの課題になるのではないかなと思ってお聞きしていました。

■介護保険は明白に地域おこしである

○大森　それから、自治体として武蔵野市の行政に関してはかねがね注目していますので、森安さんのご報告、納得できました。今日のご報告で、私から見て重要なことがいくつかあるのではないかと思います。

1つは、介護保険をつくろうとしたときの武蔵野市の市長は本当に厳しくて介護保険には強く反対でしたから、その武蔵野市で、よくここまでがんばっているな、と感心して聞いていました。ご苦労があったんじゃないかと思っているのですが。

武蔵野市のすぐれている点は、介護保険を導入したからといって、これで高齢者介護は万々歳になるなんて全然思っていないことです。介護保険は一部であると。私どもが介護保険者を市町村にした最大の理由は、それだけで済む話ではなくて、最も住民に身近な基礎的な自治体が様々な形で関連施策を行うことを通じて、介護保険が生きると考えていたからです。それを最初から見抜いていて、介護保険を含みつつ、関連施策を全面展開された、そういう自治体はそうそうたくさんあるわけじゃない。これこそが、武蔵野市が秀でている最も重要なポイントではないかと思います。

次に、介護保険のことを制度設計したときに、私は熱心に市町村を保険者にしようとしましたが、当時、この考え方に対しては、特に全国市長会、全国町村会は大反対でした。今日も午前中、その話が出ましたが、介護保険のような制度をつくると、できるだけ区域は大きいほうがいいんです、間違いなく。したがって、市長会も町村会も、保険者は少なくとも都道府県にせよ、できれば国営でやれと強く主張していたのです。私はずいぶんと批判されました。保険者を市町村にすると、市町村は、保険事業計画を策定して保険料を決めなければならない。市町村長は、65歳以上のすべての高齢者から保険料を徴収することになる。はっきり言いますと、新たに保険料を納めてもらうというのは増税でした。消費税は導入されていましたが、さらに税率を上げて財源を確保するというわけにはいかなかった。介護保険法の制定というのは事実上増税に成功したものなのです。私はそう思っています。それが1つ。

もう1つは、実際に入って分かったことですし、今でもそうですが、武蔵野市のご報告とピタッと合っている事実は、40歳以上の人、なかんずく65歳の第1号被保険者はみんな介護保険料を払っているのですが、その高齢者のうち、実際に介護認定を受けて介護サービスを使っている人々は2割以下ということです。8割以上の高齢者は介護保険料を支払いながら介護保険サービスを使わないで済んでいるのです。なんとすばらしい高齢者が多いことか。もし高齢者の半分が介護保険サービスを使うことになれば、この制度はおそらく行き詰まるでしょうね。介護費用の約半分は国と自治体が折半して公費負担していますが、その比率を高めざるをえなくなるでしょう。

ということは、武蔵野市が頑張っているように、介護保険サービスを使わなくても済んでいる高齢者が、どういうふうに健康を維持し、いきいきと地域に暮らすかという、その視点と施策なしに介護保険法は生きないのです、もともと。そのことを武蔵野市は最初から見抜いて、関連施策を全面展開しているのですね。これを全国の市区町村がくまなくやってくれたらと思います。

逆に言うと、武蔵野市で森安さんはじめ職員の皆さんが、どういうふうに考え実践しているかを理解できれば、介護保険制度の限界も分かるのですね。介護保険法とその運用を直そうとするときに、どう変えればいいかという助言が自治体から出てき得るということなのです。国の審議会の介護給付費分科会で、いろいろな見直しを検討するとき、武蔵野市の担当者がどう考えているかを内々に聞けば、いけるか無理かの判断がつくというものなのです。現場・現地の判断がいかに大事か分かります。

今日は改めて森安さんのご報告を伺って、遅きに失しましたが、できれば武蔵野市へ行って暮らしたいなと思ったりしました。介護保険とその関連施策は、結局、地域づくりのことで、どのようにして地域を住みやすいところにするか、そのためにどういう事業を実施するかということに帰着するのではないか、と感心しながら聞いていました。

■行政の窓口がどこにもないケアラー支援

○上林　先生方、どうもありがとうございました。

今いただいたコメントに対して、お二人からリプライをしていただきます。

○堀越　高端先生からケアラーという切り口で見ると世代横断的、分野横断的なアプローチになるというご指摘をいただきましたが、私たちはまさに、ケアラーを分野横断的に横ぐしに差す言葉として使っています。ただ、とても困っているのは、ケアラー支援の問題を受け止める行政の窓口がどこにもないということです。どこに話に行ったらいいかよく分からないんです。

２０１０年に行った全国調査は、厚労省の老健局の補助金を得て行いました。その時は、高齢者のケアを前面に出して補助金を獲得したといういきさつがあります。今も、自治体に行くと、「受けとめるところがないから」と門前払い的なところが割とあって、埼玉県で条例ができたというのはすごくうれしかったです。

それに関連して言いますと、現在、埼玉県ケアラー支援に関する有識者会議で推進計画について議論しているのですが、担当は地域包括ケア課なので、高齢者の介護担当の部署です。条例の中の体制づくりの窓口はどこになるのか、条例に書かないのかということは案づくりの時から議論になりました。パブリックコメントにも複数書かれたと思います。これについては、必ず窓口をつくるからということで、条例には具体的には書かれませんでしたが、担当は地域包括ケア課になりました。

ただ、庁内連携ができなければ、ケアラー支援は進まないんじゃないかという意見もけっこうあり、その問題意識は条例をつくるときから議員たちも持っていて、2回目の有識者会議のときには、事務局として福祉部の地域包括ケア課長、障害者支援課長、教育委員会の市町村支援部人権教育課長の3人が座っていました。庁内でも連携を取っていることが形になってあらわれたと思います。やればできるというか、ありがたいなと思っています。

世代横断的とか、分野横断的なテーマは、生活困窮者の窓口などもそうだと思いますが、さまざまな人が行く窓口は、今のところそういう運命にあるんじゃないかと思います。誰にでも共通な問題を取り上げようとすると、今の役所の体制に合わないんだなということを感じながら活動しています。でも、窓口にあわせた相談ではなく、人の暮らしの総合性にあわせた相談支援にしようと総合相談窓口がおかれるようになってきたので、その実質化が重要だと思います。

■ケアラー支援は社会全体で

○堀越　それから、大森先生のご提案というか、お尋ねは、これからどういう人材や仕組みをつくっていくのかというお尋ねなので、とても答え切れないんですけれども、ケアラー支援を進めるときの支援者は誰なのかと、どういう仕組みなのかということについては、今は埼玉県の段階で考えているだけですけれども、幅広いと思います。

もともと条例の趣旨が、ケアラーを社会全体で支えるということになっています。条例をみると、県の責務、県民の役割、事業者の役割、関係機関の役割、ヤングケアラーに関わる関係機関の役割が示されていて、関係機関の役割は大人のケアラー（7条）と、ヤングケアラー（8条）では異なります。つまり支援者は社会全体、すべてその人たちなんです。

このように、たとえば関係機関でも、いろいろなところが関係するので、どんなふうに関係機関の役割が書いてあるかというと、「関係機関は、その業務を通じて日常的にケアラーに関わる可能性がある立場にあることを認識し、関わりのある者がケアラーであると認められるときは、ケアラーの意向を尊重しつつ、ケアラーの健康状態、その置かれている生活環境等を確認し、支援の必要性の把握に努めるものとする」ということなので、日常的にケアラーにかかわる可能性がある立場にある人が支援者として想定されています。

支援のプロセスでみると、発見するというところでかかわる機関、発見された人を受けとめて情報提供したり、適切な支援機関につないだり、そういうことについて役割を果たす機関、適切なサービスは今はあまりないわけですけれども、サービスを担う機関など、これから整理をされていくと思います。ケアラーを受け止める機関では、ケアラーのアセスメントをすることになると思います。

その中で、現在存在する相談窓口などで働く人がちょっと視点を持てば役割が果たせるのか、あるいは新しくケアラー支援拠点をつくらなければいけないとなれば、新しい人材が必要なのかなど、考える必要があります。ケアラー支援という看板を掲げる必要があれば、看板を掲げた相談窓口が必要なのか、社会に相談窓口というのはたくさんあるので、例えば生活困窮者の自立支援とか、男女共同参画とか、子どもの支援とか、そうしたあらゆる相談窓口の人が、この人はケアラーかもしれないというケアラー支援の視点、まなざしを持てばよいのか、今後、支援のプロセスをたどりながら、誰がどのような役割をはたすのか、果たすべきかを精査しながら、支援者と仕組みをつくっていくのかと思います。

先ほど申し上げました有識者会議でも議論されています。ケアラー支援に関する推進計画の中には、ケアラー支援、ヤングケアラー支援の基本方針と具体的施策を書き込むことになっていますので、その議論の中で、これまでの知見プラス、いま行っているヤングケアラーやケアラーの実態調査を踏まえて２０２１年２月までに整理をするのだろうと思います。

有識者会議の中では、認知症サポーターと同じようにケアラー・サポーター講座を県でやったらどうかという案も出ていました。呼び方は決まっているわけではありませんが、ケアラー・サポーターというのは割となじみがあるかもしれないなと思います。

2番目の御質問の埼玉県自民党県議団ですが、上田知事の時代は野党、今の大野知事についても野党だと思います。そういう中で、県民にとって何がいいかということを考えて条例をつくってこられたとおっしゃっていました。

ただ、なぜ埼玉県の自民党県議団は議員提案条例をたくさんつくってきたのかという質問が、先日ケアラー連盟が開催したオンラインセミナーであって、講演者の吉良英敏議員がお答えになっていましたが、根本にあったのは、意欲を持った人がいたからということでした。私もよく把握していません。これまで埼玉県手話言語条例とか、埼玉県虐待禁止条例とか、埼玉県特殊詐欺撲滅条例とか何十もつくっていらしたので、つくることについては経験を積んでいらっしゃるなという感じがしました。

3月に開催された埼玉県議会の福祉保健医療常任委員会を傍聴しましたけれども、どの会派も質問をして、私たちが疑問に思っているような条例の担当部署等々についても質問してくださって、結局は全会一致で制定されました。全会一致で制定されるのはなかなか珍しいとおっしゃっていましたけれども、埼玉県ケアラー支援条例については全会一致で可決・制定されました。

3番目のご質問は、私の理解があまり追いついていないんですけれども、テーマによってさまざまな互助・共助の主体が出てきているので、どこで誰が調整して、それぞれが有効に活躍できるようにするのはどうしたらいいのかというご質問でしたでしょうか。個人的には、心配するほど取り組みがないので、とにかくばんばん出てきてほしいいし、出てきたら連携を取りながらやれるといいかなと思っています。

たとえば、今、コロナの関係でＮＰＯ、市民団体の人たちが連絡を取り合って、埼玉県に取り戻そう笑顔と筋力ということを考えています。つまり、スポーツもできなくなっちゃうし、高齢者のいきいきサロンもなかなか開けなくなってしまっているので、子どもやお年寄りやさまざまな人の笑顔と筋力を取り戻そうという提案です。いきいきサロンとかそういう居場所に、いつもは接点のない、普段スポーツをやっている人たちが体操の先生みたいに出てきてもいいんじゃないかということです。「重なるので調整しないと」というよりも、ほかの団体の得意分野をマッチングさせて、よりよい活動をするという段階なのかなと今のところは思っています。

■地域の市民同士で気にかけあうという仕組み　武蔵野市の取り組みの独自性

○森安　テンミリオンハウスやいきいきサロンで独自性はどんなところか、というご質問だったと思います。まず実施面での特徴ですが、テンミリオンハウスは5年ごとに運営団体の公募をします。「箱は既にありますので、ここで運営をしたい方はいらっしゃいませんか」ということで公募し、手を挙げていただいて、プレゼンテーションをする。プロポーザル形式なんですが、そこで高得点を得たところに運営していただくという形にしています。

今まで1つのテンミリオンハウスで1回だけ別の団体になったことがありまして、それ自体は、それまで来られていた利用者からすれば、違うスタッフに変わるわけなのでご不満とかがあったのかもしれませんが、公募してやっていただくということは、午前中のお話の中で大森先生もおっしゃっていましたが、やらされ感はそんなに強くないのではないのか。自分たちでやってみたいと、こういう内容のプログラムをしたいですということをおっしゃっていただきますので、そこは1つ大きなポイントなんじゃないのかなという気がしています。

そして、運営団体は8つありますが、代表者会議を年数回やっています。そこで自分たちがどんなプログラムをやっているのかということを紹介しあったり、ほかのテンミリオンハウスをそれぞれのスタッフが秋の2カ月はみんなでグルグル見学して回ろうみたいなことをするんですね。そこで新たな気づきがあったりして、そのことを持ち帰って自分たちなりにアレンジをしてやっていただくという取り組みもあります。常にイノベーションされているというか、見直しや気づきがあったりする。そこがおもしろいところなんじゃないかなと思っています。

それから、いきいきサロンの特徴として、先ほどもお話をしましたが、安否確認をしているということなんですね。武蔵野市は、先ほど申し上げたように、4人に1人は一人暮らしの高齢者ですので、いきいきサロンに来られる方も一人暮らしの方が多いです。そのような方々が少なくとも1週間に1回、無断欠席されると「今日、あの人は来てないわ」ということで確認の電話をしていただくということを、地域包括支援センターではなくて、地域の市民同士で気にかけあって実施していただけている。このことは地域のつながりにとって大きな役割を果たしているのではないのかなと思っております。そのことが独自性なのではと感じているところです。

■市（保険者）とサービス提供事業者はパートナー――全国に誇れる介護保険者としての役割を

○森安　それから、大森先生には大変お褒めをいただいて、過分なお褒めで恥ずかしくなってしまうんですが、ぜひ武蔵野市に引っ越してきていただければありがたいなと思っております。

ご紹介ございましたように、2000年に介護保険制度が始まる前から、当時の市長は介護保険に反対をしておりまして、全国3000自治体に対して計3回にわたって介護保険制度に反対ですというリーフレットをつくって、すべてに送りつけてご理解を得るということをしておりました。今も当時の市長はお元気で、たまにご指導、ご助言をいただくことがあります。

それだけ反対をしたけれども、制度が始まったのだから、その当時も今もそうですが、「反対をしていたんだから、武蔵野市は介護保険をちゃんとやっていないんじゃないかと言われないようにしろ」と指示され、かなり厳しく指導もされました。全国に誇れるような介護保険者としての役割を果たしていこうという自覚は、脈々と引き継がれているのではないのかなと思っています。

今もそうですが、事業者の連絡会を全てのサービス類型に基づいてつくっています。訪問系のサービスであったり、ケアマネジャーの居宅介護支援事業者の連絡会だったり、通所だったり、施設系の連絡会もつくっておりまして、その事務局を全て保険者である市が担っております。会議の招集から始めて、議事録をつくって、それを皆さんに返すということもやっていて、ともすれば、民間事業者でサービス提供されるわけですので、バラバラになってしまいがちなところ、私たち保険者とサービス提供事業者をパートナーとして考えて、その方々との情報共有だとか、連絡調整を担うことによって、一体感を持った事業運営ができているのではないのかなと思っています。

それから、介護保険は増税、まさにそのとおりでして、保険制度にしたから見えないだけで、新たな出費を市民の皆さんにお願いするわけです。私が介護保険の担当をしたのは4年ばかりですが、一番おもしろいのは介護保険事業計画をつくるときの保険料推計だと職員が言っていました。

国は9段階の所得段階でやっておりますが、私どもは20段階にまで細分化して、午前中の議論でありました逆進性をどれだけ薄められるのかということで、お金をお持ちの高齢者の方からはできるだけたくさんいただいて、それを非課税の方々、所得の少ない方々に回すことによって、低所得の方々の保険料を高額にならないようにする。できるだけ細分化をすることによって累進性を高めることができますので、そういったことをやっています。

職人技みたいなところも職員の中にありまして、大変なのは大変なんですが、同時に意気に感じて、今後3年間の市民からいただく保険料を一職員が検討して作り出すことができるわけですので、それはそれなりにやりがいも持ってやってくれているのではないのかなと思っています。大変ですけれども、公務員としてのやりがいのある仕事なんだろうと思っています。

介護保険を使っていらっしゃらない元気な方々の対策というのも、これは介護保険財源を使っておりますが、シニア支え合いポイントを実施しておりまして、できるだけ元気でいていただけるために社会参加や社会貢献活動をしていただくことによって、元気でいられるということがエビデンスとしても明確になっておりますので、そういう仕掛けをどんどんつくっていくことが大事なんだろうと思っています。まだまだ足りないと感じています。全国でも様々な取り組みがありますので、そういったことを学びながら、新たなものも始めていければいいのではないのかなと思っているところです。

介護保険ができて、制度がさらに細分化されて複雑化されていって分かりにくい制度になっているんですが、介護保険は制度ができたときに完成しているわけではなくて、常に流動化しているわけですので、それを学びながら、それに対応していく。あるいは高齢者の生活自体も変わっていくわけなので、それにどういうふうに調和させていくのかというのは、介護保険だけではなくて、老人福祉法で定められているサービスも組み合わせて、同時に行っていくということが保険者に求められているのではないのかなと考えております。

■家族への現金給付の功罪

○上林　ありがとうございました。

チャットを通じてご視聴いただいている方々からいくつかご質問をいただいていますので、1問1答という形で、私のほうで読んでご指名をさせていただきたいと思います。

まず高端先生に質問が来ています。家族への現金給付は、再度介護を家族に押し込めてしまうような作用を生む可能性はないですかということなんですが、どうでしょうか。

○高端　昼休みに堀越先生にぜひお聞きしたいなと思いながら、タイミングを逸してお聞きしていなかったのが、この現金給付の是非です。午前中の私の話では、ちゃんと検討してみる価値はあるのかもしれないという感じでお話ししました。

私の理解では、日本で介護保険制度を検討する過程でも現金給付の議論が出てきたのは、ドイツの介護保険制度で現金給付があるからという面もあったと思います。そのうえで、あくまで私の理解ですが、現金給付によって介護を家族に押し込める、特に女性の負担というもの、家族主義がむしろ強化されてしまうという懸念は当然あると思います。

ただし、先ほど堀越先生がご講演でも言及されていましたが、ドイツがやっているような形で家族介護の質を担保していく施策をしっかり整えつつ、共助の中で住民がお互いにケアをしていく力を支えるための公的な取り組みも進める中で、現金給付を出していくということはあり得なくはないのかなとも思います。ケアにかかる費用を保障するという意味では、児童手当は存在するわけですし。私自身、もう少し深めなくてはならない論点です。

付け加えれば、介護保険制度の枠組みでケアラーへの現金給付をするというたてつけがいいのかどうかという点も問題になると思います。

◯上林　同じ質問者から堀越先生にも同様の質問が来ています。家族への現金給付について、どのように思われるのかお伺いしてみたいですということなんですが、堀越先生、いかがでしょうか。

◯堀越　きちんと考えたことがありませんでしたがそうも言っていられませんね。

所得というか、収入をどこから得るかということで考えるのであれば、所得保障からの考え方もあるかと思います。理由はどうであれ、人々が生きていく上で必要な世帯の収入をどこから得るかとか、個人の収入をどこから得るかということです。その話と、介護をしているから、要介護者がサービスを使っていないから現金給付が必要という枠組みと、両方から考えてみたほうがいいかなと思います。

詳しくは押さえていませんが、ドイツのように、サービスを利用していない場合に家族による在宅ケアを社会的労働として認めるということであれば、それなりの仕組みも必要なんだろうな、それがうまくいくのかなとも思いますし、また、社会手当みたいな考え方とか、税額控除とか、さまざまな可能性を整理する必要があるだろうと思います。

あとは、仕事をやめなくても済むように、つまり働いて収入が得られるということのほうが先ではないかとか、介護による経済的負担が賄えないので仕事を辞めるということが無いよう誰でも介護サービスが使えるような利用者負担に設定するとか、いろいろな角度から考える必要があるかと思います。

ケアラーへの経済的保障については不勉強なので、思いつき程度しかお答えできません。

■家族内に埋没したケアラー労働の可視化

○上林　引き続き、堀越先生、このような質問が来ています。家族内に埋没したケアラー労働は外から見えにくい。ケアラーへの支援のアウトリーチとして、どのような手法が考えられるでしょうか。教育課程での働きかけもあると思いますが、というご質問です。

○堀越　ケアラーが外から見えにくいというのは指摘されているところです。そのために、1つは早期発見が必要だということです。また、最近は、「ケアラーが助けてと言える社会づくりを」というテーマで講演に呼ばれることもあることを考えると、早期発見ということと、もう1つは、安心して助けてと言ってもいい社会、両方の面から考える必要があるかなと思っています。

まず発見されるということについてです。本人が気づいていなくても周りが気づくということでもあります。早期発見については、例えばヤングケアラーですと、イギリスのヤングケアラーが学校に望むことトップテンというのをつくっています。その中に授業の中でヤングケアラーや障がいにかかわる問題についての情報を扱ってほしいとか、先生たちが大学や研修でヤングケアラーや障がいにかかわる問題についての訓練を受けられることを確実にしてほしいと、子どもたちが言っています。訓練というか、知識を持った大人たちが自分たちを発見してくれることが早期支援につながると子どもたちは考えているのだと思います。

先ほど条例のところで申し上げましたように、関係機関がヤングケアラーやケアラーを発見する可能性が高いので、その人たちが研修なりを受けて、きちんと見出すことが大事です。

次にケアをしている人自身が、自分がケアラーであることに気づくことが重要です。本人が気づくにはどうするかということです。これもイギリスのヤングケアラー支援の例ですが、全校生徒の前で、ヤングケアラーを支援している団体が寸劇をやるんだそうです。

確か、ヤングケアラー役が1人いて、例えば宿題をやりますというカードを1枚持ちます。次にお掃除もしますと掃除機を持って、お料理もしますとフライパンを持って、次々、普段していることを挙げていくと、全部持てないので取り落としていきます。そうすると、「こういう状態にある人はいませんか」と問いかけます。子どもたちの中に「自分はそういう状態かもしれない」と気づく子がいると、その子はお友達に知られないで、学校内のポストにその旨投函できます。学校に、ヤングケアラー担当の先生を決めてあるとのことですが、それを読んだ先生と話ができるようになっています。

本人に気づきをもたらすような仕組みをつくる、あるいは早期発見をしてもらえるような仕組みをつくる。そういうことがヤングケアラーにも必要だし、大人のケアラーについても必要です。追い詰められるまえに支援できるようにすることが大事だと思います。

それから、ケアラーが助けてと言える社会というのは、困っている時にＳＯＳがだせて、またそれを受け止めてくれて、「家族なんだから頑張りなさい」と言われないでいい社会ですね。せっかく勇気を持って言った途端に責められるというのではなくて、ヤングケアラー同士、ケアラー同士が集まって、安心して話せる安全な場所があったり、受けとめてくれる社会です。

社会全体がケアラーの存在や実態を理解するには、社会が変わらなければならなくて、例えば法律や条例をつくって、ケアラーは助けてもらっていいんですよというルールを示して分かりやすく伝えるとか、私が相談に行っていいんだなと分かるような看板を立てた総合相談支援窓口をつくることが必要だと思います。

以前、厚労省の補助金で、ケアラーに必要なツールづくりのモデル事業として介護者サロンを開きました。その時は家賃が払えたので、ＪＲ大宮駅の東口そばのすごくいいところで常設で開いたのですが、ケアラー支援の看板を立てておくと、よくわからないので、最初はチラシだけ持って帰ったり、行ったり来たりしながら、中をのぞいてみて、危なそうもないなと思うと入ってきてお話をするという具合でした。買い物ついでによる人もいました。

ところが、そういうところはなかなか借りられないので、金の切れ目が縁の切れ目で、駅からはちょっと遠いところで開催しています。アクセスの良い場所の一画を入口として借りられて、相談や話をできる居場所はちょっと離れていてもいいかも知れません。ケアラーが、私が気軽に相談に行ってもいい場所だなということがわかる看板がたくさん立つ、その根拠になるのが条例だったり、法律だったり、自治体の方針だったりだと思います。そういう仕掛けがあって、助けてと言える社会ができると思います。

アウトリーチによる支援は効果があります。花巻市では、介護殺人もあり、「在宅介護者等訪問相談事業」を行っています。介護保険要介護認定者でサービスを使っていない家庭を訪問する事業で、ストレスの軽減や孤立予防等に役立っています。

■理想の地域包括ケアの実現に向けた方策　その地域に合った独自のまちづくり

○上林　引き続き、森安さんに2問来ています。最初は、「川路さんち」の寄贈はリバースモーゲージで取得したということですかというご質問なんです。

○森安　武蔵野市は全国で最初にリバースモーゲージ制度を始めまして、それによって最終的に市に寄贈された建物もあるんですが、残念ながら、「川路さんち」は、福祉公社のサービスはご利用いただいていましたが、リバースモーゲージで寄贈されたものではなくて、相続をされる方もいらっしゃらないので、ぜひ市で使ってほしいということでいただいた建物です。

○上林　もう1問です。これはちょっと難しいです。公助が削られ、共助、自助等に介護保険制度が追いやられることを本当に危惧しています。理想の地域包括ケアなんて、できないんじゃないですかというご質問です。

○森安　難しい質問ですね。制度の持続可能性を全く抜きにして話すこともできないですし、自己責任ということが声高に叫ばれるような社会になりつつあるわけですので、なかなか難しいんじゃないのかなという気はしています。そうはいっても、理想の地域包括ケアなんてできないのではなくて、理想の地域包括ケアを常に追い求めていかなければならないのではないかと考えています。

武蔵野市の介護保険事業計画の策定は、3年前にお亡くなりになった立教大学の森本佳樹先生に策定委員会の委員長になっていただいて、10年ぐらいお願いをしていたんですが、先生は「地域包括ケアの地は地酒の地の字なんだ」とおっしゃっていたんですね。地酒はとれるところの気候風土やお米や水によって、それぞれ味が違ってくるでしょうという話で、地域包括ケアもそこにいる市民の方やサービス提供をする方々、あるいは行政のスタッフ、あるいはそこで培われてきた市民共助の歴史のようなものがあって、全国一律に地域包括ケアのあるべき姿というものがあるのではなくて、それぞれにそれぞれの地域包括ケアがあるんだというお話をされたのが大変印象に残っているんですが、それを目指すべきなんじゃないかと思っています。

先ほど大森先生が地域包括ケアはまちづくりなんだ、福祉はまちづくりなんだとおっしゃっていただきました。地域の資源を活用して、その地域に合った独自のまちづくりを進めていくということは理想かもしれないけれども、理想を追い求めながら進めていくということが私たちに課せられている使命なのではないのかと考えております。

■自治体が行っている福祉サービスと介護保険サービスは違うもの

〇上林　次に大森先生に、このような質問が来ています。

「公」の介護保険システムが、それまでの近隣、その他の支え合いなどの仕組みを飲み込んでしまった面があるのではないでしょうか。介護保険の自治体レベルでのカスタマイズはうまくいっているのでしょうかというご質問ですが、いかがでしょうか。

〇大森　まず、私は、介護保険は共助のシステムだという理解ですが、基本的に保険料で賄っている介護保険サービスと、公費で賄っている自治体の保健福祉サービスとは性質が違うものです。介護保険が動き始めたとき気になったのは、むしろ、高齢者対象の保健福祉サービスが後退し、介護保険お任せの傾向が出始めたことでした。しかし、介護保険ができても、近隣その他の支え合いなどの仕組みが必要でなくなったということはなかったのです。この点で、自治体の対処の仕方に違いが出てきたのではないでしょうか。それぞれの地域の実情に応じて、共助としての地域の取り組みは、高齢者関係に限定されず、さまざまの工夫がされているのではないでしょうか。苦戦しているところもありますが。

介護保険システムが、それまでの近隣、その他の支え合いなどの仕組みを飲み込んだということで想起しますのは、要介護認定のうち要支援1、2及び要介護1くらいの人、いわゆる軽度者の人たちへの生活支援のあり方です。かつては虚弱老人と呼ばれていた人たちへの対処です。介護保険以前の措置制度の中でも、そういう高齢者への生活支援サービスが行われていたんです。介護保険法の国会審議のとき、これをどうするか慎重に検討することになっていたのですが、結局、十分な検討が行われず、要支援者への生活支援サービスも介護保険給付に組み込まれたのです。

問題は、自立支援の観点から、要支援者への掃除・調理・洗濯・買い物などの家事援助を介護給付で行うことが妥当であるかどうかということです。２００６年の地域支援事業の新設を経て、２０１5年4月からは、「総合事業（介護予防・日常生活支援総合事業）」が実施されることになりました。総合事業は、「市町村が中心となって、地域の実情に応じて、住民等の多様な主体が参画し、多様なサービスを充実することで、地域の支え合い体制づくりを推進し、要支援者等の方に対する効果的かつ効率的な支援等を可能とすることを目指すもの」とされています。国は、要支援1と2の人向けのサービスのうち、予防給付費の約6割を占める訪問介護と通所介護を市町村事業に移しました。その費用は上限がありますが介護保険財源から出ますので、介護保険と社会福祉が融合している状態です。

この総合事業の実施に地域の支え合い活動が参加しているケースもありますから、飲み込まれているというかどうかはともかく、共助としての地域なしには動かないでしょうね。結局、介護保険と地域福祉の切り分けの問題ということになりますが、要支援者向けの身体介護サービスは保険給付に残っていますから、要支援の定義を含めて、要介護度の区別を再編せざるをえなくなるのではないかという気がします。当然、介護保険法の大改正になれば、賛否両論が出てきますので、そう簡単にはいかないでしょう。悩ましい問題なのです。

■「私」を支える「共」のしくみと「公」の役割

○上林　先生方、どうもありがとうございました。「ご回答いただきまして、ありがとうございます」というお礼のチャットが来ていることを申し添えさせていただきます。

最後に先生方お一人ずつ、言い足りなかったこと、どうしても言っておきたいことをお話しいただければと思います。

○森安　介護保険制度が始まって20年たって、要介護状態というのは加齢に伴って誰もがなる可能性のあるものであるにもかかわらず、度重なる制度改正によって、その制度の仕組みというものが、実際に使う市民にとってすごく分かりにくいものになってきているのではないのかなと危惧しています。

誰もが分かりやすい簡素、明解な制度であるべきものがこうなってきているわけですが、そこは制度改正が屋上屋を重ねていくようなものであってはならないと思っています。保険者として、いろいろと注文をつけたり、文句も言ったりするので、厚生労働省からはあまり好かれてはいませんが、そういった発言は続けていきたいと思っております。

近隣の市町村とも共同しながら要請文を出すようなことをこれまでもしてまいりましたが、現場に近い私たちだからこそ分かることを伝えていく、といった取り組みを継続していくことが、２０２５年、２０４０年にわたって本当に大きな課題となってくる要介護者の出現リスクを何とかクリアしていく近道になっていくのではないのかなと考えています。引き続き現場で頑張っていきたいと思っております。

ありがとうございました。

○堀越　今、思い出したのですが、２０００年に「総合介護条例のつくり方」という本を書きまして、そこに、介護保険はケアを必要とする人を支える手段の一部だと書きました。日本ケアラー連盟ができたときも、共に生きる社会をつくるために私たちは活動しますということを書いています。人々がそれぞれに自分の生活をおくったり、自分を取り戻したり、自分の人生を考えられるような社会をつくりたいと思って、ケアラーの社会的支援にも取り組んでいます。

今回の、パネル討論「私を支える共の仕組みと公の役割を考える」では、それぞれが役割をどのように果たしたら共に生きる社会がつくられるかというところを軸に置いて、一人ひとりが幸せだなと感じられるような社会に向かって、「私」も「共」も「公」もお互いが発展できるようきちんと議論していく必要があるということを再認識しました。「公」は「共」の下支えにちゃんとなってもらいたいですし、公共私のバランス、それぞれの役割を共生社会に向けて考えていきたいと改めて思ったところです。

○高端　手短に2つほど。

1つは、自助、共助、公助という表現を使うなら、公助の後退が自助、共助に過大な負担をかけている現状にあるのは間違いないと思います。その上で、人間が生きていくための条件をどう確保するかが問われている。今日のケアラーの話にも関わりますが、働き方の問題とか、教育の問題とか、生き方の全面にわたってどう条件づくりをしていくのかという視点から政策をセットで構想していかないといけないという意味で、将来的な社会ビジョンが問われているのが今日の状況だと思います。

もう1つ、介護保険導入後の20年間で地方財政の事情もだいぶ変化してきているということ、つまり厳しくなっているということも強調しなければいけないと思います。そういう観点でいうと、保険料なら上げられるけど、国税負担あるいは自分の住んでいる自治体の地方税負担は上げられないということでは、今後、社会がもたない。財政を研究している人間としては、引き続き、そこを真剣に考えていきたいと改めて思いました。

○大森　今日のテーマの「公共私の連携」は総務省ふうの言い方なのです。なぜ最初に「公」が出てくるかというと、総務省は自治体行政のあり方を検討しているからでしょうね。私は、社会のあり方としては、今日、議論しましたように、基本的には自助、互助、共助、公助の順番だと思うのですが、この考え方は、もともと補完性の原則に基づいているのです。つまり、個人がやりたいこと、できることをより大きな主体が取り上げ、抑圧してはならないということです。個人ができる、やりたいことはやり抜くというのが出発点。しかし、個人ができないこと、無理なことまで強いると個人はつぶれてしまう。それを、より広い、より大きな主体が補完したらどうだろうかという議論なのです。ですから、これは分権の思想でもあるのです。私たちは一人では生きられませんし、生きていませんので、どういうふうに個人から出発して社会を構成していくのか、もともとそういう話です。

しかし、自助も共助も、時と所によって、それぞれの担い手の事情に応じて、可能になることが違うのですから、公助との関係も、一律にはいかないでしょうね。今回、新型コロナ対応では、いろいろな対策が講じられていますが、こういう非常時には、ともすれば、個人や家族でしっかりやれとか、地域ぐるみでしっかり守れとか、そういう議論になりやすいんです。むしろ、国と自治体の行政、すなわち公助のあり方に問題はないか、充実強化しなければならない点がないか、その視点に立ってきちんと点検するということが何よりも大事になっている。

一国の総理が、「自助・共助・公助」を強調していますので、この順番で押しつけようとする気配もありそうですから、注意深く点検することが必要になっているのではないか、そんなふうに思っています。介護保険について細かい議論はいっぱいありますが、全体のテーマとの関連では、そういうふうに私は感じました。ありがとうございました。

○上林　先生方、本当にありがとうございます。

1名の方のチャットの質問にお答えすることができませんでした。申しわけありませんでした。

最後に、長時間にわたり、おつき合いいただきましたら4人の先生方に拍手をお送りいただければと思います。

（拍手）

閉会

武藤博己

〔地方自治総合研究所所長・
法政大学教授〕

公益財団法人地方自治総合研究所の所長をしております法政大学の武藤と申します。今回は、第35回の自治総研セミナーでしたが、１９８４年から開始されています。また今回は、コロナの影響で初めてオンラインで開催するという実験的な試みをしたわけであります。私の授業はＺＯＯＭを利用して、オンラインでやっておりますけれども、メリット、デメリットの両方があるかと思います。オンラインで開催することについて、ご意見があればお送りいただければと思います。

これで第35回自治総研セミナーを終了したいと思います。皆様、ご視聴、どうもありがとうございました。（拍手）

登壇者略歴

大森　彌（おおもり・わたる）

（厚労省成年後見制度利用促進専門家会議委員長／全国町村会「町村に関する研究会」座長／「地域共生政策自治体連携機構」代表理事／東京大学名誉教授。）

１９４０年旧東京市生まれ。法学博士。専門は行政学・地方自治論。地方分権推進委員会専門委員・くらしづくり部会長、日本行政学会理事長、社会保障審議会会長・同介護給付費分科会会長、内閣府成年後見制度利用促進委員会委員長、地域活性化センター「全国地域リーダー養成塾」塾長などを歴任。

近著に『老いを拓く社会システム』（２０１８年、第一法規）、『人口減少時代を生き抜く自治体』（第一法規、２０１７年）、『自治体の長とそれを支える人びと』（第一法規、２０１６年）、『自治体職員再論』（ぎょうせい、２０１５年）、『政権交代と自治の潮流』（第一法規、２０１１年）、『変化に挑戦する自治体』（第一法規、２００８年）など。

高端正幸（たかはし・まさゆき）

（埼玉大学人文社会科学研究科准教授）。

東京市政調査会研究員、聖学院大学政治経済学部准教授、新潟県立大学准教授を経て、２０１５年度から現職。研究分野は、財政学、地方財政論。

主著に『福祉は誰のために―ソーシャルワークの未来図』（共著、へるす出版、２０１９）、『福祉財政』（共編著、ミネルヴァ書房、２０１８）、『地方財政を学ぶ』（共著、有斐閣、２０１７）など。

堀越栄子（ほりこし・えいこ）

（一般社団法人日本ケアラー連盟代表理事／日本女子大学名誉教授）

認定ＮＰＯ法人さいたまＮＰＯ代表理事。市民自治による社会的生活基盤の確保にかかわる調査研究と実践に携わる。

主著に『暮らしをつくりかえる生活経営力』（共著、朝倉書店、２０１０年）、『福祉環境と生活経営』（同、２０００年）、『総合介護条例のつくり方』（共編著、ぎょうせい、１９９９年）など。

森安東光（もりやす・はるみつ）
（公益財団法人武蔵野市福祉公社理事）

１９８３年に武蔵野市役所入庁。企画政策室市民協働推進課長、健康福祉部高齢者支援課長、健康福祉部長を歴任後、２０２０年より現職。

市民協働推進課長時代は地域コミュニティやＮＰＯ等との協働事業を担当し、東日本大震災発災直後、友好都市の岩手県遠野市への緊急支援隊長（第３次）として釜石市・大槌町・山田町の復興支援活動に参加。高齢者支援課長時に、介護保険制度への総合事業導入等に対処。

編者略歴

上林陽治（かんばやし・ようじ）
（地方自治総合研究所研究員）

東京都生まれ。１９８５年國學院大學大学院経済学研究科博士前期課程修了。２００７年から現職。２０１２年から関東学院大学兼任講師。専門は労働社会学。

単著に『非正規公務員』『非正規公務員の現在』（いずれも日本評論社）、『非正規公務員という問題』（岩波ブックレット）、編著に『会計年度任用職員の働き方ガイドブック』（第一法規）など。

自治総研ブックレット 24
未完の「公共私連携」
介護保険制度 20 年目の課題

2020 年 12 月 10 日　第 1 版第 1 刷発行

編　者　　上林陽治
発行人　　武内英晴
発行所　　公人の友社
〒 112-0002　東京都文京区小石川 5-26-8
TEL 03-3811-5701　FAX 03-3811-5795
e-mail: info@koujinnotomo.com
http://koujinnotomo.com/
印刷所　　モリモト印刷株式会社

ISBN978-4-87555-852-1

出版図書目録

●ご注文はお近くの書店へ
小社の本は、書店で取り寄せることができます。
●＊は公人社の扱いです。
●直接注文の場合は
電話・FAX・メールでお申し込み下さい。
（送料は実費、価格は本体価格）

【自治総研ブックレット】

No.20
不寛容の時代を生きる
～生きづらさを克服する解を求めて
其田茂樹編・佐藤滋・坂本誠・厚谷司
1,500円＊

No.21
自治のゆくえ
～「連携・補完」を問う
新垣二郎編・市川喜崇・山崎幹根・大杉覚・西田奈保子・今井照
1,500円＊

No.22
自治体森林政策の可能性
～国税森林環境税・森林経営管理法を手がかりに
飛田博史編・諸富徹・西尾隆・相川高信・木藤誠・平石稔・今井照
1,500円

No.23
原発災害で自治体ができたことできなかったこと
～自治体の可能性と限界を考える
今井照編・阿部昌樹・金井利之・石田仁・西城戸誠・平岡路子・山下祐介
1,500円

【自治総研ブックス】

No.12
市民自治講座〈前編〉
坪郷實＋市民がつくる政策調査会編
金子匡良・杉田敦・辻山幸宣
2,200円＊

No.13
市民自治講座〈後編〉
坪郷實＋市民がつくる政策調査会編
廣瀬克哉・石毛鍈子・井手英策・大西隆
2,200円＊

No.14
大牟田市まちづくりの二つの難題
～「楕円的構図」による把握
今村都南雄
2,200円＊

【北海道自治研ブックレット】

No.1
市民・自治体・政治
再論・人間型としての市民
松下圭一
1,200円

No.2
議会基本条例の展開
その後の栗山町議会を検証する
橋場利勝・中尾修・神原勝
1,200円（品切れ）

No.3
福島町の議会改革
議会基本条例＝開かれた議会づくりの集大成
溝部幸基・石堂一志・中尾修・神原勝
1,200円

No.4
議会改革はどこまですすんだか
改革8年の検証と展望
神原勝・中尾修・江藤俊昭・廣瀬克哉
1,200円

No.5
ここまで到達した芽室町議会改革
芽室町議会改革の全貌と特色
広瀬重雄・西科純・蘆田千秋・神原勝
1,200円

No.6
国会の立法権と地方自治
憲法・地方自治法・自治基本条例
西尾勝
1,200円

【単行本】

フィンランドを世界一に導いた100の社会改革
編著　イルカ・タイパレ
訳　山田眞知子
2,800円

公共経営学入門
編著　ボーベル・ラフラー
訳　みえガバナンス研究会
監修　稲澤克祐、紀平美智子
2,500円

変えよう地方議会
～3・11後の自治に向けて
編著　河北新報社編集局
2,000円

自治体職員研修の法構造
田中孝男
2,800円

自治基本条例は活きているか?!
～ニセコ町まちづくり基本条例の10年
編　木佐茂男・片山健也・名塚昭
2,000円

国立景観訴訟～自治が裁かれる
編著　五十嵐敬喜・上原公子
2,800円

成熟と洗練～日本再構築ノート
松下圭一
2,500円

地方自治制度「再編論議」の深層
監修 木佐茂男 青山彰久・国分高史 1,500円

韓国における地方分権改革の分析～弱い大統領と地域主義の政治経済学
尹誠國 1,400円

自治体国際政策論
自治体国際事務の理論と実践
楠本利夫 1,400円

自治体職員の「専門性」概念
可視化による能力開発への展開
林奈生子 3,500円

アニメの像 VS. アートプロジェクト
まちとアートの関係史
竹田直樹 1,600円

NPOと行政の《協働》活動における「成果要因」
成果へのプロセスをいかにマネジメントするか
矢代隆嗣 3,500円

おかいもの革命
消費者と流通販売者の相互学習型プラットホームによる低酸素型社会の創出
編著 おかいもの革命プロジェクト 2,000円

原発再稼働と自治体の選択
原発立地交付金の解剖
高寄昇三 2,200円

「地方創生」で地方消滅は阻止できるか
地方再生策と補助金改革
高寄昇三 2,400円

総合計画の新潮流
自治体経営を支えるトータル・システムの構築
監修・著 玉村雅敏
編集 日本生産性本部 2,400円

総合計画の理論と実務
行財政縮小時代の自治体戦略
編著 神原勝・大矢野修 3,400円

自治体の人事評価がよくわかる本
これからの人材マネジメントと人事評価
小堀喜康 1,400円

だれが地域を救えるのか
作られた「地方消滅」 島田恵司 1,700円

分権危惧論の検証
教育・都市計画・福祉を題材にして
編著 嶋田暁文・木佐茂男
著 青木栄一・野口和雄・沼尾波子 2,000円

地方自治の基礎概念
住民・住所・自治体をどうとらえるか?
編著 嶋田暁文・阿部昌樹・木佐茂男
著 太田匡彦・金井利之・飯島淳子 2,600円

松下圭一＊私の仕事—著述目録
松下圭一 1,500円

地域創世への挑戦
住み続ける地域づくりの処方箋
監修・著 長瀬光市
著 縮小都市研究会 2,600円

自治体広報はプロションの時代からコミュニケーションの時代へ
マーケティングの視点が自治体の行政広報を変える
鈴木勇紀 3,500円

「大大阪」時代を築いた男
評伝・関一（第7代目大阪市長）
大山 勝男 2,600円

自治体議会の政策サイクル
議会改革を住民福祉の向上につなげるために
編著 江藤俊昭
著 石堂一志・中道俊之・横山淳・西科純 2,300円

挽歌の宛先 祈りと震災
編著 河北新報社編集局 1,600円

新訂 自治体法務入門
編 田中孝男・木佐茂男 2,700円

政治倫理条例のすべて
クリーンな地方政治のために
斎藤 文男 2,200円

福島インサイドストーリー
役場職員が見た避難と震災復興
編著 今井照・自治体政策研究会 2,400円

原発被災地の復興シナリオ・プランニング
編著 金井利之・今井照 2,200円

自治体の政策形成マネジメント入門
矢代隆嗣 2,700円

介護保険制度の強さと脆さ
2018年改正と問題点
編著 鏡諭 企画東京自治研究センター 2,600円

「質問力」でつくる政策議会
土山希美枝 2,500円

神戸・近代都市の形成
高寄 昇三 5,000円

政治行政入門（新版）
山梨学院大学政治行政研究会 2,500円

「縮小社会」再構築
安心して幸せにくらせる地域社会づくりのために
長瀬 光市【監修・著】/ 縮小都市研究会【著】 2,500円

合併しなかった自治体の実際
非合併小規模自治体の現在と未来
木佐 茂男【監修】/ 原田 晃樹 /
杉岡 秀紀【編著】 1,900円

住民監査請求制度がよくわかる本
平成29年改正
田中 孝男 1,800円

池袋・母子餓死日記
覚え書き（全文）（新装版）
公人の友社【編】 1,800円

世界遺産・ユネスコ精神
平泉・鎌倉・四国遍路
五十嵐 敬喜・佐藤 弘弥【編著】 3,200円

ひとりでできる、職場でできる、自治体の業務改善
時間の創出と有効活用
矢代 隆嗣 2,200円

ひとり戸籍の幼児問題とマイノリティの人権に関する研究
稲垣 陽子 3,700円

離島は寶島
沖縄の離島の耕作放棄地研究
齋藤 正己 3,800円

「地方自治の責任部局」の研究
その存続メカニズムと軌跡（1947-2000）
谷本有美子 3,500円

自治体間における広域連携の研究
大阪湾フェニックス事業の成立継続要因
樋口浩一 3,000円

グリーンインフラによる都市景観の創造
金沢からの「問い」
金沢大学地域政策研究センター【企画】
菊地直樹・上野裕介【編】 1,000円

議員のなり手不足問題の深刻化を乗り越えて
地域と地域民主主義の危機脱却手法
江藤俊昭 2,000円

人口減少時代の論点90
井上正良・長瀬光市・増田勝 2,000円

フランスの公務員制度と官製不安定雇用
図書館職を中心に
薬師院はるみ 2,000円

総合計画を活用した行財政運営と財政規律
鈴木洋昌 3,000円

議会が変われば自治体が変わる
【神原勝・議会改革論集】
神原勝 3,500円

近代日本都市経営史・上下巻
高寄昇三 各5,000円

図解・こちらバーチャル区役所の空き家対策相談室です
空き家対策を実際に担当した現役行政職員の研究レポート
松岡政樹 2,500円

図解・空き家対策事例集
「大量相続時代」の到来に備えて
松岡政樹 2,000円

縮小時代の地域空間マネジメント
ベッドタウン再生の処方箋
監修・著 長瀬光市
著・縮小都市研究会 2,400円

バックパッカー体験の社会学
日本人の若者・学生を事例に
著 萬代伸哉・解説 多田治、須藤廣 2,200円

「大阪都構想」ハンドブック
「特別区設置協定書」を読み解く
編著 大阪の自治を考える研究会
909円

大阪市会議員川嶋広稔の
とことん真面目に大阪都構想の「真実」を語る！
川嶋 広稔 909円

非常事態・緊急事態と議会・議員
自治体議会は危機に対応できるのか
新川達郎・江藤俊昭 2,700円

NPOと行政の協働事業マネジメント
共同から〝協働〟により地域問題を解決する
矢代隆嗣 2,700円

住民論
統治の対象としての住民から自治の主体としての住民へ
渡部朋宏 3,200円

［自治体危機叢書］

2000年分権改革と自治体危機
松下圭一 1,500円

自治体連携と受援力
もう国に依存できない
神谷 秀之・桜井 誠一 1,600円

政策転換への新シナリオ
小口進一 1,500円

政府財政支援と被災自治体財政
東日本・阪神大震災と地方財政
高寄昇三 1,600円

震災復旧・復興と「国の壁」
神谷秀之 2,000円

自治体財政のムダを洗い出す
財政再建の処方箋
高寄昇三 2,300円

「政務活動費」ここが問題だ
改善と有効活用を提案
宮沢 昭夫 2,400円

「ふるさと納税」「原発・大学誘致で地方は再生できるのか
高寄 昇三 2,400円

「大阪市廃止」悲劇への構図
経済・生活破綻と府集権主義の弊害
高寄 昇三 2,200円

[京都府立大学京都地域未来創造センターブックレット]

No.1
地域貢献としての「大学発シンクタンク」
京都政策研究センター（KPI）の挑戦
編著 青山公三・小沢修司・杉岡秀紀・藤沢実 1,000円

No.2
もうひとつの「自治体行革」
住民満足度向上へつなげる
編著 青山公三・小沢修司・杉岡秀紀・藤沢実 1,000円

No.3
地域力再生とプロボノ
行政におけるプロボノ活用の最前線
編著 杉岡秀紀
著 青山公三・鈴木康久・山本伶奈 1,000円

No.4
地域創生の最前線
地方創生から地域創生へ
監修・解説 増田寛也
編著 青山公三・小沢修司・杉岡秀紀・菱木智一 1,000円

No.5
現場から見た「子どもの貧困」対策
行政・地域・学校の現場から
編著 小沢修司 1,000円（品切）

No.6
人がまちを育てる
ポートランドと日本の地域
企画 京都府立大学京都地域未来創造センター
編著 川勝健志 1,000円

[地方自治ジャーナルブックレット]

No.33
都市型社会と防衛論争
松下圭一 900円

No.34
中心市街地の活性化に向けて
山梨学院大学行政研究センター 1,200円

No.36
行政基本条例の理論と実際
神原勝・佐藤克廣・辻道雅宣 1,100円

No.37
市民文化と自治体文化戦略
松下圭一 800円

No.38
まちづくりの新たな潮流
山梨学院大学行政研究センター 1,200円

No.39
ディスカッション三重の改革
中村征之・大森弥 1,200円

No.41
市民自治の制度開発の課題
山梨学院大学行政研究センター 1,200円

No.42
《改訂版》自治体破たん・「夕張ショック」の本質
橋本行史 1,200円（品切れ）

No.43
分権改革と政治改革
西尾勝 1,200円

No.44
自治体人材育成の着眼点
浦野秀一・井澤壽美子・野田邦弘・西村浩・三関浩司・杉谷戸知也・坂口正治・田中富雄 1,200円

No.45
シンポジウム障害と人権
橋本宏子・森田明・湯浅和恵・池原毅和・青木九馬・澤静子・佐々木久美子 1,400円

No.46
地方財政健全化法で財政破綻は阻止できるか
高寄昇三 1,200円

No.47
地方政府と政策法務
加藤良重 1,200円

No.48
政策財務と地方政府
加藤良重 1,400円

No.49
政令指定都市がめざすもの
高寄昇三 1,400円

No.50
良心的裁判員拒否と責任ある参加
市民社会の中の裁判員制度
大城 聡 1,000円

No.51
討議する議会
自治体議会学の構築をめざして
江藤俊昭 1,200円

No.52
【増補版】大阪都構想と橋下政治の検証
府県集権主義への批判
高寄昇三 1,200円

No.53
虚構・大阪都構想への反論
橋下ポピュリズムと都市主権の対決
高寄昇三 1,200円

No.54
大阪市存続・大阪都粉砕の戦略
地方政治とポピュリズム
高寄昇三 1,200円

No.55
「大阪都構想」を越えて
問われる日本の民主主義と地方自治
(社) 大阪自治体問題研究所 1,200円

No.56
翼賛議会型政治・地方民主主義への脅威
地域政党と地方マニフェスト
高寄昇三 1,200円

No.57
なぜ自治体職員にきびしい法遵守が求められるのか
加藤良重 1,200円

No.58
東京都区制度の歴史と課題
都区制度問題の考え方
著：栗原利美、編：米倉克良 1,400円

No.59
「震災復興計画」と住民自治
七ヶ浜町（宮城県）で考える
編著：自治体学会東北 YP 1,400円

No.60
市民が取り組んだ条例づくり
市長・職員・市議会とともにつくった所沢市自治基本条例
編著：所沢市自治基本条例を育てる会 1,400円

No.61
いま、なぜ大阪市の消滅なのか
「大都市地域特別区法」の成立と今後の課題
編著：大阪自治を考える会　800円

No.62
地方公務員給与は高いのか
非正規職員の正規化をめざして
著：高寄昇三・山本正憲　1,200円

No.63
大阪市廃止・特別区設置の制度設計案を批判する
いま、なぜ大阪市の消滅なのかPart2
編著：大阪自治を考える会　900円

No.64
自治体学とはどのような学か
森啓　1,200円

No.65
通年議会の〈導入〉と〈廃止〉
長崎県議会による全国初の取り組み
松島完　900円

No.66
平成忠臣蔵・泉岳寺景観の危機
吉田朱音・牟田賢明・五十嵐敬喜　800円

No.67
いま一度考えたい大阪市の廃止・分割
その是非を問う住民投票を前に
大阪の自治を考える研究会　926円

No.68
地域主体のまちづくりで「自治体職員」が重視すべきこと
事例に学び、活かしたい5つの成果要因
矢代隆嗣　800円

No.69
自治体職員が知っておくべきマイナンバー制度50項
高村弘史　1,200円

No.71
大都市問題の専門家が問う
大阪市廃止と生活行政の破綻
〈市民連合〉による住民投票勝利への戦略
高寄昇三　1,200円

［福島大学ブックレット『21世紀の市民講座』］

No.2
自治体政策研究ノート
今井照　900円

No.3
住民による「まちづくり」の作法
今西一男　1,000円

No.4
格差・貧困社会における市民の権利擁護
金子勝　900円

No.6
今なぜ権利擁護か
ネットワークの重要性
高野範城・新村繁文　1,000円

No.7
小規模自治体の可能性を探る
保母武彦・菅野典雄・佐藤力・竹内是俊・松野光伸　1,000円

No.8
小規模自治体の生きる道
連合自治の構築をめざして
神原勝　900円

No.9
文化資産としての美術館利用
地域の教育・文化的生活に資する方法研究と実践
辻みどり・田村奈保子・真歩仁しょうん　900円

No.10
フクシマで"日本国憲法〈前文〉"を読む
家族で語ろう憲法のこと
金井光生　1,000円

［地方自治土曜講座ブックレット］

No.2
自治体の政策研究
森啓　500円

No.3
現代政治と地方分権
山口二郎　500円

No.4
行政手続と市民参加
畠山武道　500円

No.5
成熟型社会の地方自治像
間島正秀　500円

No.6
自治体法務とは何か
木佐茂男　500円

No.7
自治と参加
アメリカの事例から
佐藤克廣　500円

No.8
政策開発の現場から
小林勝彦・大石和也・川村喜芳　800円

No.21
分権時代の自治体経営
北良治・佐藤克廣・大久保尚孝　600円

No.22
地方分権推進委員会勧告とこれからの地方自治
西尾勝　500円

No.23
産業廃棄物と法
畠山武道　600円

No.25
自治体の施策原価と事業別予算
小口進一　600円

No.27
比較してみる地方自治
田口晃・山口二郎　600円

No.29
自治体の課題とこれから
逢坂誠二　400円

No.31
地域の産業をどう育てるか
金井一頼　600円

No.32
金融改革と地方自治体
宮脇淳　600円

No.33
ローカルデモクラシーの統治能力
山口二郎　400円

No.34
政策立案過程への戦略計画手法の導入
佐藤克廣　500円

No.35
「変革の時」の自治を考える
神原昭子・磯田憲一・大和田健太郎 600円

No.37
分権時代の政策法務
礒崎初仁 600円

No.38
地方分権と法解釈の自治
兼子仁 400円

No.39
「近代」の構造転換と新しい「市民社会」への展望
今井弘道 500円

No.40
自治基本条例への展望
辻道雅宣 400円

No.41
少子高齢社会の自治体の福祉法務
加藤良重 400円

No.42
改革の主体は現場にあり
山田孝夫 900円

No.43
自治と分権の政治学
鳴海正泰 1,100円

No.44
公共政策と住民参加
宮本憲一 1,100円

No.45
農業を基軸としたまちづくり
小林康雄 800円

No.46
これからの北海道農業とまちづくり
篠田久雄 800円

No.47
自治の中に自治を求めて
佐藤守 1,000円

No.48
介護保険は何をかえるのか
池田省三 1,100円

No.49
介護保険と広域連合
大西幸雄 1,000円

No.50
自治体職員の政策水準
森啓 1,100円

No.51
分権型社会と条例づくり
篠原一 1,000円

No.52
自治体における政策評価の課題
佐藤克廣 1,000円

No.53
小さな町の議員と自治体
室埼正之 900円

No.55
改正地方自治法とアカウンタビリティ
鈴木庸夫 1,200円

No.56
財政運営と公会計制度
宮脇淳 1,100円

No.59
環境自治体とＩＳＯ
畠山武道 700円

No.60
転型期自治体の発想と手法
松下圭一 900円

No.61
分権の可能性
スコットランドと北海道
山口二郎 600円

No.62
機能重視型政策の分析過程と財務情報
宮脇淳 800円

No.63
自治体の広域連携
佐藤克廣 900円

No.64
分権時代における地域経営
見野全 700円

No.65
町村合併は住民自治の区域の変更である
森啓 800円

No.66
自治体学のすすめ
田村明 900円

No.67
市民・行政・議会のパートナシップを目指して
松山哲男 700円

No.69
新地方自治法と自治体の自立
井川博 900円

No.70
分権型社会の地方財政
神野直彦 1,000円

No.71
自然と共生した町づくり
宮崎県・綾町
森山喜代香 700円

No.72
情報共有と自治体改革
片山健也 1,000円

No.73
地域民主主義の活性化と自治体改革
山口二郎 900円

No.74
分権は市民への権限委譲
上原公子 1,000円

No.75
今、なぜ合併か
瀬戸亀男 800円

No.76
市町村合併をめぐる状況分析
小西砂千夫 800円

No.78
ポスト公共事業社会と自治体政策
五十嵐敬喜 800円

No.80
自治体人事政策の改革
森啓 800円

No.83
北海道経済の戦略と戦術
宮脇淳 800円

No.84
地域おこしを考える視点
矢作弘 700円

No.87
北海道行政基本条例論
神原勝 1,100円

No.91
協働のまちづくり
三鷹市の様々な取組みから
秋元政三 700円

No.92
シビル・ミニマム再考
松下圭一 900円

No.93
市町村合併の財政論
高木健二　800円

No.95
市町村行政改革の方向性
佐藤克廣　800円

No.96
創造都市と日本社会の再生
佐々木雅幸　900円

No.97
地方政治の活性化と地域政策
山口二郎　800円

No.98
多治見市の総合計画に基づく政策実行
西寺雅也　800円

No.99
自治体の政策形成力
森啓　700円

No.100
自治体再構築の市民戦略
松下圭一　900円

No.101
維持可能な社会と自治体
宮本憲一　900円

No.102
道州制の論点と北海道
佐藤克廣　1,000円

No.103
自治基本条例の理論と方法
神原勝　1,100円

No.107
公共をめぐる攻防
樽見弘紀　600円

No.108
三位一体改革と自治体財政
岡本全勝・山本邦彦・北良治・逢坂誠二・川村喜芳　1,000円

No.109
連合自治の可能性を求めて
松岡市郎・堀則文・三本英司・佐藤克廣・砂川敏文・北良治他
1,000円

No.110
「市町村合併」の次は「道州制」か
森啓　900円

No.111
コミュニティビジネスと建設帰農
松本懿・佐藤吉彦・橋場利夫・山北博明・飯野政一・神原勝　1,000円

No.112
「小さな政府」論とはなにか
牧野富夫　700円

No.113
栗山町発・議会基本条例
橋場利勝・神原勝 1,200円（品切れ）

No.114
北海道の先進事例に学ぶ
宮谷内留雄・安斎保・見野全・佐藤克廣・神原勝　1,000円

No.115
地方分権改革の道筋
西尾勝　1,200円

No.116
転換期における日本社会の可能性～維持可能な内発的発展
宮本憲一　1,100円

［地域ガバナンスシステム・シリーズ］

（龍谷大学地域人材・公共政策開発システム・オープン・リサーチセンター（LORC）…企画・編集）

No.1
地域人材を育てる自治体研修改革
土山希美枝　900円

No.2
公共政策教育と認証評価システム
坂本勝　1,100円

No.3
暮らしに根ざした心地よいまち
1,100円

No.4
持続可能な都市自治体づくりのためのガイドブック
1,100円

No.5
英国における地域戦略パートナーシップ
編：白石克孝、監訳：的場信敬
900円

No.6
マーケットと地域をつなぐパートナーシップ
編：白石克孝、著：園田正彦
1,000円

No.7
政府・地方自治体と市民社会の戦略的連携
的場信敬　1,000円

No.8
多治見モデル
大矢野修　1,400円

No.9
市民と自治体の協働研修ハンドブック
土山希美枝　1,600円

No.10
行政学修士教育と人材育成
坂本勝　1,100円

No.11
アメリカ公共政策大学院の認証評価システムと評価基準
早田幸政　1,200円

No.12
イギリスの資格履修制度
資格を通しての公共人材育成
小山善彦　1,000円

No.14
炭を使った農業と地域社会の再生
市民が参加する地球温暖化対策
井上芳恵　1,400円

No.15
対話と議論で〈つなぎ・ひきだす〉ファシリテート能力育成ハンドブック
土山希美枝・村田和代・深尾昌峰
1,200円

No.16
「質問力」からはじめる自治体議会改革
土山希美枝　1,100円（品切れ）

［生存科学シリーズ］

No.2
再生可能エネルギーで地域がかがやく
秋澤淳・長坂研・小林久 1,100円

No.3
小水力発電を地域の力で
小林久・戸川裕昭・堀尾正靱 1,200円＊

No.4
地域の生存と社会的企業
柏雅之・白石克孝・重藤さわ子 1,200円

No.5
地域の生存と農業知財
澁澤栄・福井隆・正林真之 1,000円

No.6
風の人・土の人
千賀裕太郎・白石克孝・柏雅之・福井隆・飯島博・曽根原久司・関原剛 1,400円

No.7
地域からエネルギーを引き出せ！ PEGASUS ハンドブック（環境エネルギー設計ツール）
監修：堀尾正靱・白石克孝、著：重藤さわ子・定松功・土山希美枝 1,400円

No.8
地域分散エネルギーと「地域主体」の形成
風・水・光エネルギー時代の主役を作る－
編：小林久・堀尾正靱、著：独立行政法人科学技術振興機構 社会技術研究開発センター「地域に根ざした脱温暖化・環境共生社会」研究開発領域 地域分散電源等導入タスクフォース 1,400円

No.9
省エネルギーを話し合う実践プラン46
エネルギーを使う・創る・選ぶ
編著：中村洋・安達昇
編者著：独立行政法人科学技術振興機構 社会技術研究開発センター「地域に根ざした脱温暖化・環境共生社会」研究開発領域 1,500円

［都市政策フォーラムブックレット］

No.1
「新しい公共」と新たな支え合いの創造へ
渡辺幸子・首都大学東京 都市教養学部都市政策コース 900円（品切れ）

No.2
景観形成とまちづくり
首都大学東京 都市教養学部都市政策コース 1,000円

No.3
都市の活性化とまちづくり
首都大学東京 都市教養学部都市政策コース 1,100円

［朝日カルチャーセンター地方自治講座ブックレット］

No.1
自治体経営と政策評価
山本清 1,000円

No.2
ガバメント・ガバナンスと行政評価
星野芳昭 1,000円（品切れ）

No.4
「政策法務」は地方自治の柱づくり
辻山幸宣 1,000円

No.5
政策法務がゆく
北村善宣 1,000円